COLLECTION «ESSAIS»

L'Étrangeté de la raison
de Michel Morin
est le deuxième titre de cette collection.

DU MÊME AUTEUR

Le Contrat d'inversion (en collaboration avec Claude Bertrand), Hurtubise HMH, 1977.

Le Territoire imaginaire de la culture (en collaboration avec Claude Bertrand), Hurtubise HMH, 1979.

L'Amérique du Nord et la culture, Hurtubise HMH, 1982.

Les Pôles en fusion (en collaboration avec Claude Bertrand), Hurtubise HMH, 1983.

L'Ami-chien. Fragments d'une éthique de l'amitié, Le Préambule, 1986.

Désert, Le Préambule, 1988.

Souveraineté de l'individu, Les Herbes rouges, 1992.

MICHEL MORIN

L'Étrangeté de la raison

essai

LES HERBES ROUGES

Éditions LES HERBES ROUGES
3575, boulevard Saint-Laurent, bureau 304
Montréal (Québec) H2X 2T7
Téléphone: (514) 845-4039

Illustration de couverture: Vassily Kandinsky, *Coins accentués,* 1922
Infographie: Atelier MHR inc.

Distribution: Diffusion Dimedia inc.
539, boulevard Lebeau
Saint-Laurent (Québec) H4N 1S2
Téléphone: (514) 336-3941; télex: 05-827543

Dépôt légal: quatrième trimestre 1993
Bibliothèque nationale du Québec
Bibliothèque nationale du Canada

Les choses les plus belles sont celles que souffle la folie et qu'écrit la raison. Il faut demeurer entre les deux, tout près de la folie quand on rêve, tout près de la raison quand on écrit.

André GIDE, *Journal*

Essai de fondation

Il ne faudrait surtout pas prendre cet ouvrage pour ce qu'il n'est pas : une «recherche» spécialisée en philosophie. Cela suffirait sans doute à en détourner de nombreux lecteurs, pour de bonnes ou de mauvaises raisons. Mais cela surtout ne rendrait pas compte de ce qui est à l'œuvre en ces pages. Disons qu'il s'agit d'un «essai», dont l'«objet», l'enjeu, la portée sont «philosophiques».

☐

«Essai» doit être entendu en son sens premier, voire littéral : une pensée ici s'essaie, qui n'est pas assurée d'elle-même, mais qui, néanmoins, se risque. Et qui se risque au fond parce qu'elle ne peut faire autrement.

☐

L'auteur de ces lignes ne se reconnaît aucune véritable «compétence» philosophique. Il n'est aucunement spécialiste. Rien ni personne ne l'autorise à se risquer dans le champ dangereux et miné de la philosophie. Il ne se reconnaît aucun maître. Du moins, aucun maître vivant. Il aime se réclamer de ces lignes de Léonard de Vinci qu'il plaçait en exergue de son premier ouvrage : «Ils diront que, faute d'avoir des lettres, je ne peux bien dire ce que je veux exprimer. Or, ils ignorent que mes œuvres sont plutôt sujettes de l'expérience que des paroles d'autrui, et l'expérience fut la maîtresse de ceux qui écrivirent bien; et moi aussi je la prends pour maîtresse et en tous les cas je l'alléguerai.»

☐

S'il a des «maîtres», ils sont tous morts, généralement depuis longtemps. À leur égard, il se permet toute liberté, dans le respect de leur œuvre certes, mais surtout dans la fidélité à l'inspiration qui l'anime, à l'expérience qui s'y fait entendre plus qu'à l'autorité qu'on leur reconnaît dans l'histoire de la philosophie. À travers eux, il entend un appel et il tente d'y répondre.

☐

Certains pourraient y voir quelque prétention. Qu'on y voie surtout beaucoup d'innocence et de témérité. L'auteur en effet n'est pas sans savoir d'où il écrit et s'adresse à d'improbables lecteurs. Si l'espace de la philosophie est universel, chacun de ceux qui s'y essaient y vient à partir du lieu circonscrit de son expérience propre et de ses idiosyncrasies, mais aussi à partir du lieu ou non-lieu historique où prend sa source, d'où tire sa marque, son rapport à la pensée. Ce lieu qui n'en est pas un, pour moi, s'appelle le «Québec».

☐

Depuis longtemps, l'auteur cherche à savoir ce qu'il en est de ce «non-lieu». Il cherche en se rendant attentif à un malaise qu'il éprouve, au sentiment qui l'habite d'une inadéquation, d'une grande imperfection. Il en retire l'impression de baigner en des eaux mêlées d'échec et d'expérience neuve, d'exister entre la fin d'un certain monde et le commencement d'un autre. C'est de ce lien ambigu, hésitant en lui-même et à propos de lui-même, de ce lieu que travaille l'Histoire mais qui n'y est pas encore parvenu qu'il s'essaie à la philosophie. Les diplômes à cet égard ne sauraient tenir lieu de compétence.

La philosophie en effet et, à travers elle, la pensée qui toujours s'y trouve en jeu, ne relève d'aucune reconnaissance extérieure. L'expérience intérieure est décisive, et c'est elle la seule autorité.

☐

Or, elle se dérobe, comme se dérobe le «territoire» historique au sein duquel elle se meut. Elle est hésitante, oscillante et manque d'assurance. Elle s'approche à travers un manque qui la hante. C'est en ce sens qu'elle est une quête. Elle est une quête d'assurance, de principe, de loi. Une quête de raison.

☐

Étrange, étrangère, la raison, à celui qui en manque et la cherche. Pourtant, ce n'est que d'elle, ou à peu près, qu'il est question en philosophie. La raison est constitutive de cet espace de pensée que l'on appelle «civilisation occidentale», dont, en tant que descendants d'Européens, nous sommes naturellement les héritiers. Mais des héritiers, qui, jusqu'à maintenant, n'ont encore vraiment su recueillir leur héritage. Enfants oubliés (et oublieux) de l'Occident.

☐

«Jugement gratuit», pourra-t-on objecter. Sur quoi repose-t-il donc? Je prendrai pour seul appui mon expérience intérieure, celle de quelqu'un que travaille la pensée telle qu'elle s'exprime dans la tradition philosophique occidentale, et qui même tente d'en transmettre la notion par l'enseignement. Cette expérience m'enseigne le manque d'appui, d'autorité, de référence que je puis trouver dans la tradition culturelle de ma terre d'origine pour entrer en rapport avec ce qui, dans cette tradition philosophique de l'Occident, s'appelle «raison». Il me faut, en effet, franchir l'«océan» pour toucher la «terre de la raison», refaisant en sens inverse le périple de Christophe

Colomb ou celui de Jacques Cartier. Or, ce franchissement se fait dans des conditions culturellement ou intellectuellement aussi précaires que pouvaient l'être, à d'autres égards, celles dans lesquelles ces grands navigateurs ont entrepris leur voyage.

□

Voyage au pays de la raison, aurais-je pu intituler cet ouvrage, indiquant par là qu'il n'est, à partir de ce lieu de l'expérience qui est le mien, pas d'autre rapport possible à cet «être» étrange qui s'appelle «raison» qu'à travers et par-delà un franchissement risqué et dangereux. Franchissement d'un abîme, creusé par la géographie mais surtout par l'Histoire, propre en un sens à tous les peuples d'Amérique, mais plus encore à ce peuple français dont le destin fut brisé au moment où il s'apprêtait à prendre son essor. Ce ne sont pas des «études universitaires» en philosophie, si couronnées d'honneurs fussent-elles, qui, d'elles-mêmes, nous permettront de franchir cet abîme. Non, ce seraient plutôt des «navigations hasardeuses». C'est-à-dire des tentatives individuelles, des «essais» où quelqu'un, quelque personnage «en quête d'auteur» (de son existence, de son histoire) se risquerait à la pensée, ou à penser.

□

Or, se risquant à penser, s'aventurant sur les terres de ceux qui déjà s'y sont essayés, sans cesse, le poursuivra tel un thème lancinant, ou telle une interrogation angoissante ou telle une affirmation péremptoire, le problème de la «raison».

□

Ainsi poursuivi, il s'éprouvera défaillant, se découvrant sans «auteur», sans «principe» d'existence, sans «loi», bref sans «père». Telle est la condition première du penseur ici, en cette terre ignorée d'Amérique. À quoi cela servirait-il de se le cacher pour prétendre à une «maturité» dont on n'a pas les moyens, et encore moins la substance?

☐

«Nul ne saute par-dessus son peuple», affirmait Hegel. Sur le plan de la pensée, plus essentiel que tout autre, rien n'est plus vrai. Or le peuple dont il est ici question est un enfant, abandonné et oublié par l'Histoire. La Raison, qui est au principe de cette Histoire occidentale, n'y a pas encore fait halte. Encore moins s'y est-elle établie. Accéder à l'une, c'est accéder à l'autre. Simultanément. Pour y parvenir, il n'est d'autre attitude possible que de consentir à se reconnaître démuni. Le champ du possible alors pourra s'ouvrir.

☐

Ayant lu ce qui précède, celui qui s'aventurera en cet ouvrage ou qui en aura consulté la table des matières, s'étonnera du ton affirmatif, voire péremptoire, qu'il y rencontrera. Ce qui s'écrit ici vise à ce qu'il n'en soit pas abusé. Rien n'est en effet ressenti comme moins garanti par l'auteur de ces lignes que la «raison». S'il n'a pas encore défini ce qu'il entend par là, il l'approche à travers ces mots qui, pour lui, y renvoient : «principe», «loi», et même «paternité». Voilà ce qui, dans l'existence même de l'auteur, comme dans son activité de penseur, est au cœur de ce qui l'interroge et lui résiste. «Objet» ou «lieu» d'angoisse ou de désir.

☐

Que la formulation, l'expression soient souvent péremptoires, à quoi cela tient-il, sinon à l'esprit conquérant dont l'auteur est envahi lorsqu'il se sent porté par une idée? S'il est un mot particulièrement initiateur et «conducteur» en ces pages, c'est bien celui d'idée. Notion et expérience inaugurales. Le surgissement de l'idée au terme de l'attente et du désir est celui d'une lumière et d'une direction qui s'imposent enfin. Aussi l'a-t-on cherché surtout chez ces auteurs que sont Descartes et Spinoza et puis chez ce dissident de toutes les époques qu'est Sade. Pourquoi là? Parce que, là, ça commence. Pour celui qui, du fond de cette terre ignorée d'Amérique, cherche la découverte de l'idée, son surgissement est le commencement par excellence. Un monde s'ouvre alors, nouveau, loin de tout ce qui est familier et familial, de toutes les ressemblances, de toute la prégnance héréditaire. Une nécessité s'impose dans toute sa rigueur, qui permet enfin de se tenir et de se diriger par-delà l'inconsistance d'une liberté vide et d'une indécision dissolvante. Le désir naît, et, si l'on veut suivre Sade, le phallus enfin s'érige pour enfanter ce qui viendra. C'est cet enthousiasme de la paternité enfin trouvée, c'est la joie d'engendrer qui inspire ces pages. C'est le sentiment d'être à l'aube, à l'origine, et de *fonder*.

□

Rien n'est pour autant garanti. Trop de lumière aveugle, et l'auteur a dû subir comme «châtiment» de sa témérité et de son amour immodéré de la lumière, la rude insomnie de celui pour qui la nuit a cessé d'être accueillante. S'étant élevé jusqu'à l'idée et à la conception, il a fait violence à ce qui, en lui, cherche à s'abandonner et à se «laisser prendre». Ainsi a-t-il appris que son rapport à la paternité est toujours hypothétique et précaire, et qu'il ne le peut porter seul très longtemps. La nuit l'appelle à nouveau. De son voyage, il eût mieux aimé ne pas revenir. Mais il le fallait. Finalement, il y consentit. Cependant, il refait ses forces et se prépare à lever l'ancre de nouveau. Qui donc l'accompagnera?

□

La culture de ce pays abordera-t-elle enfin aux terres d'Occident, s'éloignant sans nostalgie de la complaisance dans les fantasmes maternels et les impasses du ressentiment?

Saura-t-elle surgir, se dresser à la pointe de l'idée, se poser enfin et, en matière de pensée, «dire son mot» et le faire entendre à ceux qui jusqu'à maintenant, dans les pays d'outre-Atlantique et ailleurs, sont restés sourds?

Tant que la culture du Québec n'aura pas accédé à l'idée, à la Raison, à la philosophie, elle n'aura pas dépassé le destin folklorique de ces comptines enfantines qui charment les oreilles, mais qui ne sont d'aucune vertu pour affronter ce qu'il faut bien appeler le «réel» et l'Histoire, et imposer aux autres, du reste du monde, une parole si forte qu'ils ne puissent s'empêcher de l'entendre.

CHAPITRE I

Surgir ou l'éthique de Sade

Prologue : la vertu et le vice

L'éthique de Sade, comme celle de Spinoza, signifie la fin du monde moral. Le rapprochement de ces deux auteurs n'est certes pas dû au hasard. Suivons Justine s'approchant du couvent de Sainte-Marie-des-Bois : «Cependant nulle trace humaine ne se présente à ses yeux : pas une maison, et pour tout chemin un sentier hérissé de broussailles, et qui paraissent ne devoir servir qu'à des bêtes fauves...» Arrivée au couvent, voici ce qui s'offre à ses yeux : «Si Justine avait cru les abords du château de Bandole d'un agreste effrayant, certes elle dut trouver ceux de cet abbaye bien plus sauvages encore. La plus prochaine habitation était à six lieues de celle-ci, et des bois immenses semblaient la dérober aux regards des hommes[1].» Une éthique de fin du monde se trouve inaugurée. Une éthique d'après l'homme. Voici Justine s'enfonçant dans «un boyau noir et obscur», «on s'y introduit, écrit le narrateur, la porte se referme». «Ô mon père, dit ici Justine toute tremblante, où me menez-vous donc? — Dans un lieu sûr, dit le moine... dans un endroit dont il est vraisemblable que tu ne sortiras pas de sitôt[2].»

Il faut en finir avec l'indécidé, l'aléatoire, l'indéterminé, l'incertain. S'enfoncer dans le boyau obscur. S'emprisonner. S'embastiller. Comme le Marquis. Pour accéder au temple de la Nécessité où nous attendent «disciplines, verges, férules, scalpels, tenailles, stylets et autres instruments de supplice[3]» qui sauront nous soumettre sur-le-champ, rendant inutile toute résistance. Sans doute souhaiterions-nous que ce qui advient, ce qui nous advient, soit autre, qu'il soit possible en y résistant, d'y échapper. Voilà pourquoi nous rêvons, fabulons et projetons d'impossibles voyages. Et si l'espoir... l'espoir dont le Marquis dit, dans une lettre à sa femme qu'il «est la partie la plus sensible de l'âme d'un malheureux[4]», n'était ce par quoi sans cesse nous exprimons notre désir d'échapper à ce qui en nous souffre et nous fait souffrir, mais que, sans cesse déçu, cet espoir auquel nous accrochions autant de lambeaux de notre vie, de notre vie rêvée, de notre avenir, de notre au-delà, n'était au fond que le plus sûr moyen de torture dont les autres se servent pour nous leurrer sur notre condition en nous laissant entrevoir la possibilité d'y échapper? Aussi, si l'espoir est bien «la partie la plus sensible de l'âme d'un malheureux», pourra-t-on dire avec le Marquis : «... qui le lui donne pour le flétrir imite les bourreaux de l'enfer, qui, dit-on, renouvelleront sans cesse blessure sur blessure et s'attacheront plus fortement encore à la partie déchirée qu'à d'autres[5]».

Et les autres qui entretiennent cet espoir, faisant miroiter telle évasion possible, tel au-delà, telle réussite, ne sont-ils pas nos pires bourreaux? Car ils nous font croire que la vie pourrait être autre et se le font croire à eux-mêmes. Et si cet autre est ma femme, qui sait fort bien que l'on m'a jeté en prison pour une durée indéfinie, sur une lettre de cachet réclamée au Roi par la mère de cette femme, le supplice n'en sera-t-il pas accentué? Pourquoi, après tout, ne me dit-elle pas la vérité, si effrayante soit-elle? Que l'on m'a jeté en prison mais qu'en réalité c'est en enfer que l'on m'a expédié, précédant en cette vie le décret que l'on pourrait prêter à la Providence dans l'autre. L'enfer... où la part la plus sensible de soi se trouverait meurtrie comme à plaisir, et ce, pour une durée indéfinie, cette

caricature d'éternité. Pourquoi donc n'ose-t-elle pas me dire
qu'il n'y a pas d'issue, pas d'évasion possible de la prison où
je suis enfermé? Mais ne profite-t-elle pas aussi de mon malheur, comme toutes les femmes de son milieu, pour me tromper? Serait-elle donc si cruelle? «Est-ce vrai? Dis-le moi, m'as-
tu trompé aussi cruellement? Quel avenir affreux si cela est :
— Ô grand Dieu, écrit le Marquis, qu'on n'entrouvre jamais
ma prison! Que je meure plutôt que d'en sortir pour aller
m'avilir, m'engloutir dans le dernier excès des plus mons-
trueux crimes, que je rechercherai avec délice pour m'étourdir
et pour me perdre! Il n'y en aurait pas que je n'inventasse[6].»
«M'étourdir et me perdre», c'est-à-dire oublier ce qui me fait
souffrir et me déchire, cette sensibilité à laquelle je ne puis
rien et le sentiment de mon innocence. En effet, je suis inno-
cent parce que je n'y puis rien, je ne puis faire, dira Sade,
que je sois doté d'un autre «tempérament», que je sois «constitué» autrement, que mon «sang» ne s'échauffe. Aussi écrit-il,
parlant de la présidente de Montreuil, sa belle-mère : «... il ne
lui appartient pas de vouloir vexer, punir ou réprimer les
défauts de tempérament dont on n'est pas le maître et qui n'ont
jamais fait tort à personne[7]». Que me demande-t-on dès lors
sinon de vivre en tentant d'être un autre, en me dissimulant,
m'efforçant à ce que l'on me représente sous le nom de «vertu»? La seule manière de vivre pour un être constitué comme
je suis consiste-t-elle à mentir? Si tel est le cas, si donc il est
dit «vicieux» d'être ce que l'on est et «vertueux» de le dissimuler, comment dès lors ne pas voir qu'il n'est de vérité que
dans le vice, et plus encore dans le vice avoué, c'est-à-dire
porté au langage, en pleine lumière?

Mon destin ne serait-il pas de «m'étourdir et me perdre»,
d'aller «jusqu'à perdre la raison», car se pourrait-il qu'être
constitué comme je suis soit une erreur, mon être serait-il une
erreur que devrait expier toute mon existence? Aussi le Marquis se vouera-t-il de plus en plus exclusivement à sa folie,
s'abîmant en elle les yeux ouverts pour ne pas être envahi et
détruit par elle à son insu. «Si je suis un être de la nature,
doit-il penser en lui-même, que celle-ci m'a doté des goûts,

du tempérament qui sont miens, si, d'aucune façon je ne suis maître de la manière dont je suis constitué, ou bien mon être est une erreur et je suis fou, ou bien la Nature, c'est-à-dire cela même qui m'a fait malgré moi comme je suis, est capable d'erreur, d'écart, de monstruosité. Monstre je suis malgré moi, c'est dire que la Nature engendre des monstres, que telle est sa vérité que les vertueux se cachent en se cachant à eux-mêmes cette monstruosité qu'ils assouvissent en cachette. Et s'ils nomment Raison ce qu'ils appellent vertu pour mieux vouer à la folie ceux qui y échappent ou plutôt qui ont l'impudence de montrer, de faire voir ce qu'il ne faudrait pas voir, ne promeuvent-ils pas une Raison qui contredirait sans cesse la Nature, une Raison constituée à partir de la dissimulation de ce que pourtant elle serait censée éclairer? Serait-il raisonnable, comme on l'entend communément, de se cacher la réalité de la Nature et fou de l'avouer, de la montrer? Dès lors, je prendrai le parti de cette folie, puisque, de toute évidence, c'est celui de la Raison.» Il s'agira donc de produire, d'exposer en pleine lumière la vraie logique de la Nature, la Raison immanente qui la traverse. Or, à qui l'observe attentivement, la Nature apparaît constituée d'écarts qu'aucune normativité extérieure ne vient régir. La Nature, en elle-même ne porte aucune loi. C'est l'esprit de l'homme, épris d'ordre, qui y projette ce qu'il aimerait y voir. En ce sens, il n'est aucune *loi naturelle.* Comme déjà Rousseau l'avait fait ressortir, l'expression est en elle-même contradictoire. L'ordre de la Loi ou de la Raison, qui en provient, s'oppose à l'«ordre» de la Nature qui n'est en réalité que «désordre», surgissement inarrêtable et toujours déroutant d'écarts, de différences, de singularités. La Raison ne doit donc pas chercher à s'imposer à la Nature, à la contrecarrer, mais plutôt à la régler de l'intérieur, en pleine conscience et connaissance de sa véritable réalité. Or, ce qui est vrai de la Nature en général l'est aussi de la nature de l'homme, faite de passions singulières, différenciées et contradictoires. «Quant à la diversité, lit-on dans l'introduction des *Cent vingt journées de Sodome,* sois assuré qu'elle est exacte; étudie bien celle des passions qui te paraît ressembler sans nulle différence à une autre, et tu verras que cette différence existe et, quelque légère qu'elle soit, qu'elle a seule précisément ce raffinement, ce tact, qui distingue et caractérise le genre de libertinage dont il est ici question[8].»

«La Raison ne demande rien contre la Nature», écrit Spinoza. Dans le même sens, Sade affirme une rationalité qui serait parfaitement *immanente* plutôt que transcendante et normative, qui donc tenterait de comprendre *de l'intérieur* la réalité de la nature et des passions humaines, cessant ainsi de présumer de sa puissance. C'est parce que Sade se débat intérieurement avec le problème de l'inadmissibilité de son être, c'est-à-dire son irrationalité prétendue du point de vue de la société et de la Raison morale qu'elle invoque, qu'il entreprendra de démystifier cette fausse rationalité pour promouvoir une Raison qui procède de la reconnaissance de la réalité de la Nature non plus comme «ordre» mais plutôt comme «désordre», c'est-à-dire surgissement perpétuel d'écarts, de différences, de singularités, monstrueuse en ce sens. La conséquence en est qui sera tout à la fois le point de départ du tableau systématique des *Cent vingt journées* que «nous sommes tous des monstres» et que c'est en commençant par l'admettre que pourra s'imposer l'exigence de régler le mouvement de ces écarts, le rapport entre elles des passions de telle sorte que puissent s'éviter le plus possible chocs et collisions.

1. Imaginer

On ne s'étonnera donc pas du caractère systématique de l'œuvre de Sade. Mais on doit reconnaître son caractère paradoxal, puisque, s'il est bien question d'un système de la Nature, c'est en tant que système des Écarts qu'il faut l'entendre. Il faut oser découvrir et regarder en face «cette bête dont tu parles sans cesse sans la connaître et que tu appelles nature[9]». Or, la Bête est écart, monstruosité par rapport à cette Raison normative qui se fait appeler Vertu. «Sans doute, lit-on encore dans l'introduction des *Cent vingt journées,* beaucoup de tous les écarts que tu vas voir peints te déplairont, on le sait, mais il s'en trouvera quelques-uns qui t'échaufferont au point de te coûter du foutre, et voilà tout ce qu'il nous faut. Si nous n'avions pas tout dit, tout analysé, comment voudrais-tu que nous eussions pu deviner ce qui te convient? C'est ici l'histoire d'un magnifique repas où six cents plats divers s'offrent à ton appétit! Les manges-tu tous? Non, sans doute, mais ce nombre prodigieux étend les bornes de ton choix, et ravi de cette augmentation de facultés, tu ne t'avises pas de gronder l'amphitryon qui te régale[10].» Si la Raison sadienne est à l'affût des écarts, elle ne peut procéder dans son entreprise d'investigation qu'en s'appuyant sur l'imagination. Celle-ci dès lors lui servira de boussole, pour reprendre le terme de Fourier. Car l'imagination est, par excellence, détectrice d'écarts : «... en laissant errer cette imagination, lit-on dans *La Philosophie dans le boudoir*, en lui donnant la liberté de franchir les dernières bornes que voudraient lui prescrire la religion, la décence, l'humanité, la vertu, tous nos prétendus devoirs enfin, n'est-il pas vrai que ces écarts seraient prodigieux?», et, poursuit Eugénie, «... n'est-ce pas en raison de l'immensité de ses écarts qu'elle nous irritera davantage?» «Si cela est, poursuit-elle encore, plus nous voudrons être agitées, plus nous désirerons nous émouvoir avec violence, plus il faudra donner carrière à notre imagination sur les choses les plus inconcevables...[11]».

L'imagination dont il est ici question n'est pas celle qui, faisant pendant à la Vertu et à la représentation du réel et de la nature que cette dernière organise, nous ouvrirait la porte d'un autre monde fait de tout ce qui se trouve retenu dans celui-ci, imagination qui se pourrait qualifier de romanesque en ce qu'elle redouble aveuglément la Norme et la Vertu et en reste à cette vue première qui est aveugle à tout ce qui lui échappe ou encore ne le représente que pour mieux le réduire et le marginaliser. C'est à un véritable renversement de cette notion d'imagination que nous entraîne le Marquis, si l'on consent à se laisser guider par les personnages qu'il met en scène. L'imagination n'est plus tant ce qui répète le Réel que ce qui mène à le transgresser. Elle ouvre à cette seconde vue qui, derrière les images rassurantes et bienfaisantes que sécrète la première, nous découvre les écarts secrets, les irrégularités enfouies qui, généralement, à notre insu, requièrent de nous une autre attention que nous nous ingénions à nier et à refouler. Il serait trop simple ici d'évoquer ces «fantasmes» enfouis qu'à la faveur d'un sommeil de la Raison l'inconscient livrerait à notre pâture dans nos rêves. Car il s'agit plutôt de *précéder* la triste logorrhée de l'inconscient et de *prévenir* ainsi son processus de formation. Entraîner la Raison du côté même de ce que la Raison vertueuse la porte à dissimuler, mais qui n'en retient pas moins sans cesse cette deuxième attention. L'entraîner du côté de ces écarts que chacun pressent et devine en soi en deçà de toute Morale mais qu'un geste apeuré porte à refouler pour mieux se laisser libre cours en rêves et fantasmes. Les mises en scène réglées de conjonctions érotiques auxquelles se livrent les personnages du Marquis n'ont rien de représentations fantasmatiques. C'est la barre de l'inconscient qui a sauté pour laisser place à cette frontière indécise où, sans cesse, ce qui tendrait à se voir refoulé est plutôt regardé en face, la peur se trouvant peu à peu apprivoisée pour laisser place à une lucidité de type nouveau. Cette seconde attention se tourne du côté de ce qui dès lors apparaît à chacun comme autant de convenances secrètes auxquelles son corps, qu'il le veuille ou non, se trouve porté. Car le pressentiment de l'irrégularité découvre la réalité du corps en deçà de toute image. Fort paradoxalement, l'imagination sadienne n'ouvre pas la porte d'un monde de représentations dans lequel chacun trouverait à se complaire à sa façon, car elle donne à pressentir ou à deviner plus qu'elle ne donne à représenter. Pressentir et deviner les plus secrètes convenances, les plus irrésistibles attraits du corps qui, pour chacun, se localisent en telle ou telle partie plus affectable. Mais ce n'est pas d'une érotologie qu'il s'agit pas plus que d'une démonologie. Il n'est pas question d'apprendre à faire jouir son corps en découvrant ses ressources d'affectabilité, pas plus qu'il n'est question d'amener à la surface des monstres enfouis. Car c'est *l'investigation* en elle-même qui est intéressante, qui fait frémir et tressaillir, cette investigation qui porte l'esprit attentif du côté de ce qui, de son corps, lui échappe et déjoue toute représentation. Si les mises en scène sont innombrables dans les romans du Marquis, aucune, pourtant, ne ressemble exactement à une autre : un détail fait toute la différence, un raffinement inattendu introduit l'écart insoupçonné qui produira chez tel ou tel lecteur, comme chez tel ou tel personnage sadien, *le frémissement incontournable qui ne ment et ne trompe jamais.* Puis-je en effet me dérober à ce qui, ici, en ce lieu précis où ce corps qui est mien, dit-on, tressaille et frémit malgré moi, se révèle comme secrète convenance? Disons-le bien : je n'ai encore rien «vu», rien ne s'est encore «représenté» à mon esprit. À lire Sade, seul le langage agit, le dire. Voici que cette secrète convenance est dite et qu'elle soit dite me fait tressaillir. Je ne pourrai désormais plus l'ignorer, et qu'à m'en détourner s'essaie la Vertu, jamais plus elle ne réussira à me fermer les yeux.

Plaçons-nous donc un peu du point de vue de Dieu, celui de Spinoza dont s'inspire si fort le Marquis pour penser ce qu'il appelle la Nature : se peut-il que des corps existent, que ces corps réagissent à d'autres en quelque lieu fort circonscrit d'eux-mêmes en deçà de tout acte de la volonté, se peut-il que l'esprit, par le moyen de l'entendement, le découvre, et que, tout à la fois, ce corps auquel et contre lequel je ne puis rien puisqu'il m'est donné, que je le suis en dépit de moi-même, et cet entendement qui me permet d'être lucide, c'est-à-dire de regarder en face ce qui est, se peut-il qu'ils soient faux et que Dieu n'ait permis leur existence que pour apprendre à l'homme à s'y rendre étranger et aveugle? De quel supplice dès lors ne s'agirait-il pas, pire que tout ce que nous pourrions imaginer de l'enfer et s'exerçant d'ores et déjà en cette vie : refouler les plus naturelles convenances du corps et retenir les ressources de lucidité de son esprit? L'être serait-il aberrant en ce qu'il porte de puissance et la Nature devrait-elle retenir ce qui, en elle, la porte à l'expansion? Alors, oui, le malin génie serait une hypothèse plausible : car il s'ingénierait, sous le nom usurpé de Dieu, à nous tromper sur ce que nous éprouvons et comprenons. Telle affirmation de ce corps ne devrait pas être, tel frémissement singulier ne devrait pas exister, tel aperçu de l'esprit devrait ou aurait dû rester voilé. Aussi bien, dès lors, pour être conforme à cet ordre aberrant qui se fait pourtant passer pour l'Ordre suprême, se mutiler bras et jambes, et peut-être même cette partie du corps si sensible et dangereuse qu'on appelle Phallus. Pourtant, la religion nous apprend que, comme le suicide, toute forme d'auto-mutilation serait néfaste, bien qu'on puisse remercier le Seigneur de l'avoir rendue possible malgré nous. Ne fut-ce pas le cas du philosophe Pierre Abélard, qui, au XIIe siècle, ayant porté trop loin la lucidité de son esprit et la vivacité de son corps, subit la mutilation par excellence, dans laquelle il vit un châtiment mérité : châtié je fus, dit-il, dans cette partie du corps par où j'ai péché. N'est-ce pas une grâce du ciel? Mais la grâce suprême n'eût-elle pas été de naître sans cet organe honteux, et même de ne pas naître, puisqu'il le faut dans un corps et que ce corps, toujours tenté, tend à pécher? Origène, avant lui, avait osé précéder le destin ou la Providence et s'était infligé à lui-même le supplice de l'auto-mutilation. Dès lors, il faut comprendre que nous sommes des corps en quelque sorte par erreur et que si l'esprit nous offre quelque aperçu sur la nature de ce corps, c'est une erreur aussi, et que cette erreur étant notre lot, nous devons l'accepter, quitte à remercier le Seigneur, lorsque, par quelque mutilation infligée à notre corps ou à notre esprit, il nous permet d'y échapper.

L'homme serait-il une erreur qu'il faudrait aider Dieu à corriger? Telle est la question qu'adresse au ciel celui que l'on a à juste titre appelé le Divin Marquis. Incontournable question, puisqu'elle est au cœur même de ce que l'on appelle Morale : l'homme doit-il apprendre à refouler ce qu'il est ou doit-il plutôt apprendre à le devenir toujours plus, en le regardant en face, c'est-à-dire en le comprenant? Faut-il parier sur les ressources de la lucidité humaine ou plutôt, entretenant la méfiance à son égard, enseigner à l'homme à réprimer ce qu'il est, en le châtiant s'il s'y refuse? Le véritable comportement éthique ne découle-t-il pas de la lucidité nous apprenant qu'il n'est rien de bien ni de mal, mais simplement qu'il n'est rien d'autre que ce qui est, et qu'il incombe à l'homme de parvenir à le comprendre?

2. Désirer

«Le duc voulut soutenir au souper que si le bonheur consistait dans l'entière satisfaction de tous les sens, il était difficile d'être plus heureux qu'ils l'étaient. "Ce propos-là n'est pas d'un libertin, dit Durcet. Et comment est-il que vous puissiez être heureux, dès que vous pouvez vous satisfaire à tous instants? Ce n'est pas dans la jouissance que consiste le bonheur, c'est dans le désir, c'est à briser les freins qu'on oppose à ce désir. Or, tout cela se trouve-t-il ici, où je n'ai qu'à souhaiter pour avoir? Je fais serment, dit-il, que, depuis que j'y suis, mon foutre n'a pas coulé une seule fois pour les objets qui y sont; il ne s'est jamais répandu que pour ceux qui n'y sont pas"[12].»

Si l'esprit est bien l'idée du corps, comme l'enseigne Spinoza, et que l'idée est un acte de l'esprit, pour y parvenir, il nous faut nous éloigner des rivages trop rassurants auxquels nos représentations premières nous font aborder. Rivages trop rassurants, images trop familières, trop proches aussi. «Comprends-tu, tu es tellement là que je n'arrive plus à te voir, ta présence devient opaque à force de familiarité et de proximité.

Je ne puis plus dès lors m'éloigner de toi sans éprouver cette douleur qui me déchire. Et pourtant je rêve de m'arracher, de partir. Je rêve d'un lieu d'où toute présence humaine aurait été exclue, à commencer par la mienne, où je ne reconnaîtrais plus rien et dont je sentirais qu'en aucune manière il ne requiert ma présence, ayant été avant que j'apparaisse et continuant d'être après que je serai disparu. Or ce lieu est étranger à tout ce que peut appréhender ma conscience, à tout ce qu'elle peut souhaiter et dont elle pourrait rêver. Et pourtant, il existe, quoiqu'il me soit généralement caché. Caché par les mots, les images, le tissu des relations humaines qui m'enserre et, en réalité, m'emprisonne. La certitude que j'ai de l'arrivée de mon voisin à cinq heures, celle aussi de ce que cet ami si proche, trop proche, se rappellera à moi à telle heure, ces certitudes m'empêchent de penser, et elles m'empêchent de penser parce qu'elles m'empêchent de désirer. Elles m'assujettissent, me rivent, et, de la sorte, me diminuent. Elles font écran à ce qui est, qui ne demande rien, n'exige rien de moi mais dont je puis, par moments, sentir que, hors du rapport qui m'y lie, l'existence que je dis mienne ne vaut plus d'être vécue.»

Le hululement du hibou dans la nuit, par ce qu'il peut révéler de ce qui est, de son intangible souveraineté, inquiète mais, étrangement, rassure tout à la fois. Il peut être rassurant de savoir que tout continue sans moi, que je ne suis pas utile, que je ne sers à rien et que je serai anéanti. C'est ce que me laisse entendre le hululement du hibou qui me transperce et me livre démuni à la nuit obscure. Comme il peut être rassurant de savoir que l'autre, à travers le désir qu'il m'exprime, ne cède à aucune pitié et ne se laisse ramollir par aucune tendresse, mais ne fait que répondre à l'énergie de son désir, sans autre considération pour moi. La neutralité de cette force, qui effraie de prime abord, rassure en un second temps, en ce qu'elle ne se laisse arrêter par rien, en ce qu'elle a d'inexorable. Je sais obscurément que je n'y puis échapper, de même que je n'échapperai pas à la mort. Ce qui me tue, dans l'inexorabilité de ce désir, dans ce qu'il a d'inhumain, me réconcilie avec l'idée de la mort. Car ce qui t'attache à moi n'est rien d'autre que cela même qui te porte à vivre et à affirmer la puissance qui t'habite. Je ne suis objet de ton désir que pour autant que je me laisse nier par lui, nier dans ce qui m'attache à toutes ces choses et représentations familières dont j'aime à m'entourer mais dont je ne m'entoure en réalité que parce que je n'arrive pas à vivre par moi-même en rapport avec ce qui me meut. L'irruption de cette puissance qui me dépossède radicalement et me nie, me livre non d'abord à toi, mais à ce qui te traverse et te déborde, qui est plus fort que toi et dont tu t'es fait le lieu de passage. Trop de considérations pour moi indiqueraient que, si tu m'as approché, ce n'est pas par impossibilité de retenir ce qui en toi cherche à s'exprimer *et qui donc ne peut mentir,* mais bien parce que, retenu, tu n'oses tout exprimer, et dois me laisser croire je ne sais quelle fadaise, que, par exemple, tu prendrais plaisir à ma beauté, qui sait? peut-être même à mes idées : cela même dont je cherche à me libérer et qui m'étouffe, tu m'y vouerais et m'y enfermerais encore plus. Par peur, par manque de courage : ce qui te porterait à mentir ainsi aussi effrontément. Ton désir de possession n'oserait s'avouer : serait-ce là philanthropie, «amour», ou lâcheté? Considération pour moi? Non, car il ne s'agit que d'un détour qui, de toute façon, t'amènera à ton but. Mais t'y amènera mal, par des voies retorses et tortueuses. Car qu'y aurait-il de honteux à ce que tu m'avoues ton désir de me posséder? N'est-ce pas le mode d'expression de ce qui en toi a besoin de s'extérioriser, lieu de passage de cette force qui t'habite, cette puissance qui, à mon contact, dirait-on, se déclenche?

Qu'est-ce donc que *ce contact,* sinon ce qui, à l'insu des regards que nous échangions et des mots, des phrases qui s'échappaient de nous, tombant toujours à côté, s'ouvrait de l'un à l'autre, en cette zone secrète qui, touchée (comme on dit «tu as touché juste»), déclenche ce trouble dont mon flot de paroles n'est en réalité que l'aveu qui cherche à se dissimuler? Si tu t'approches de moi, c'est que tu fus touché, tu te défends en cherchant à me prendre. Et si je me laisse prendre, c'est que je fus touché à mon tour. Mais qu'est-ce donc qui émeut en ce toucher, sinon la révélation muette mais incontournable de *cela* même qui, dans mon corps, peut me faire crier? *Cela*, par où je m'écoule et me défais, mais en même temps m'ouvre à la puissance qui, par toi, me vient. Mais *cela*, en réalité, je ne puis pas plus le voir que le dire, puisque, tout à fait neutre, il est sans visage et sans nom. *Cela*. *Cela* qui crie dans la nuit, que ton contact fait crier, m'est dérobé à la lumière du jour, alors que, partout, je croise tant de visages rassurants. Mais, comme O, je suis complètement nu sous ma jupe ou mon pull. À mon sexe, je porte ton anneau, et sur mes reins, ton chiffre.

Telle est l'illusion du regard et la fausse beauté du visage. Tant que je me perds dans tes yeux, je rêve et m'abuse. Ta poigne seule me réveille. Ton chiffre se met à ma place, à laquelle dès lors je ne puis plus échapper. Tu me voues à ce que je suis, ma douleur intime qui est en même temps ma puissance, l'incontournable nudité de mon corps. *Tel est le lieu de l'interdit* : ce qui ne se dit pas ni ne s'avoue autrement que dans les gémissements et les cris. Cette zone du corps qui ne dit rien, qui ne parle pas, mais qui ne trompe ni ne ment jamais. De moi-même, sans ce qui en toi m'assujettit, par toi me réduit, je ne puis la reconnaître. Seulement par toi peut m'être révélé le méconnaissable par excellence. Cela même que je m'évertue à nier, pour vivre supposément, entendre : vivre comme une ombre, un fantôme, cette apparence que certains trouvent belle, et même, comble de dérision, intelligente! *Le méconnaissable ne se dit pas : l'aveu, la révélation doit donc en être forcée.* Telle est la vérité de ce qu'il faut bien appeler l'Autre : ce grand oiseau de nuit qui ravit, sans visage et sans nom. Lorsque je parle, que je lui parle, nécessairement je mens, le corps seul ne ment pas. Et, sur ce corps, cette zone obscure que tu as touchée met en mouvement toutes les autres. C'est toi qui as levé le frein, et désormais, chaque fois que se renouvelle le contact, tout s'anime et se meut. Voilà ce que nous dit Sade, dans les *Cent vingt journées,* par la bouche de son personnage Durcet : «Ce n'est pas dans la jouissance que consiste le bonheur, c'est dans le désir, c'est à briser les freins qu'on oppose à ce désir.»

Qu'est-ce à dire sinon que, d'abord, il n'est nul rapport premier à son corps qui ne soit mensonger : c'est du corps de mots et d'images qu'il est alors question; mais qu'ensuite, il n'est d'accès à la réalité de ce corps que je dis mien que si la couche, l'enveloppe qui le revêt s'est trouvée brisée, que si quelque effraction s'est trouvée sur lui commise, malgré moi, malgré tout ce qui, de par ma conscience, cherche à m'en cacher la réalité. Qu'est-ce à dire dès lors, finalement, sinon qu'il n'est aucune véritable coextensivité de ce corps avec ma conscience, mais plutôt que *la conscience est justement ce qui barre l'accès au corps, qu'elle est ce frein* que le désir justement cherche à faire sauter? Peut-être maintenant pourra-t-on comprendre le sens de ce que le Marquis, en cela vraiment divin, entend par Nature. Si la vraie jouissance ne consiste pas dans l'entière satisfaction de tous les sens, c'est-à-dire dans cette espèce d'auto-contemplation de la conscience replète, c'est qu'il est en l'homme une vertu plus grande qu'elle encore, il est une grandeur de l'homme plus éminente que celle que supposément lui confère sa conscience, et que, justement, le Désir révèle et fait advenir, soit la puissance qu'il tient de la Nature, la force, l'énergie, la «vis» qui habite le corps de l'homme. Et pourquoi, dira-t-on alors, le corps particulièrement, et c'est Spinoza qui nous permet de répondre : «Plus un corps est apte, par rapport aux autres, à être actif ou passif de plus de façons à la fois, plus son Esprit est apte, par rapport aux autres, à percevoir plus de choses à la fois : et plus les actions d'un corps dépendent de lui seul et moins il y a d'autres corps qui concourent avec lui à une action donnée, plus son esprit est apte à comprendre distinctement[13].» La puissance humaine tient donc à l'éminence du corps de l'homme par rapport aux autres corps. *La conscience, dès lors, est une faiblesse, tant qu'elle œuvre à dissimuler ce corps : elle n'est grande que lorsqu'elle consent à s'abolir.* Et alors, ce au nom de quoi ou pourquoi elle s'abolit s'en trouve rehaussé d'autant. Tel est le sens de ce que Spinoza appelle l'Idée, et qui ne peut se dissocier du Désir, ce qui brise l'enveloppe de la conscience et surgit de cette brisure : autre chose, le tout autre, Dieu, dira Spinoza, le Mal, dira Sade. Et, au fond, ils disent la même chose. Mais écoutons un peu ce qu'à ce propos nous dit encore Durcet : «Je suis parfaitement sûr que ce n'est pas l'objet du libertinage qui nous anime, mais l'idée du mal : qu'en conséquence, c'est pour le mal seul qu'on bande et non pas pour l'objet, en telle sorte que si cet objet était dénué de la possibilité de nous faire faire le mal nous ne banderions plus pour lui[14].»

Du point de vue de l'Idée, il n'est point d'objet qui tienne puisqu'elle le traverse, le fend de l'intérieur tel un éclair, relançant du même coup le Désir. Qu'est-ce à dire sinon que le surgissement de l'Idée ne va jamais sans briser les représentations habituelles de la conscience et toutes les représentations d'objets qui en émanent, ne va jamais donc sans que soit forcé ou violenté ce qui, en nous, s'effraie au pressentiment de ce qui échappe à la conscience et donc se retient, interdit? *Tel est le frein dont parle Sade.* Or ce frein est inscrit en chacun en ce lieu particulier de son corps qu'il devine plus souvent qu'il ne le connaît. D'abord appréhendé à travers le sentiment d'une défaillance, lorsqu'il s'est trouvé de quelque façon touché, ce lieu est redouté surtout en raison de la puissance dont chacun sait très bien qu'elle peut se dégager. Dès lors, à travers la faiblesse, n'est-ce pas la puissance qui est redoutée, indissociablement, celle de l'Idée, de la compréhension, de la rationalité, et celle du corps, rendu à sa nature propre, soit celle de quantité de puissance?

Le Mal n'est autre que ce que chacun appréhende comme puissance en soi et dont il sent que, s'il s'en approche et s'il y cède, toute l'organisation de sa vie habituelle, l'ordre tel qu'il se trouve établi, s'en trouvera bouleversée : le Mal est donc à la fois l'idée de la puissance cachée en soi comme elle l'est au cœur de la Nature, et cette puissance elle-même telle qu'elle s'éprouve dans le corps. Le génie de Sade, qui est en même temps son audace, n'est-il pas d'avoir fait lever le Phallus en même temps que l'Idée? Alors que, chez Spinoza, la puissance du corps, en même temps qu'affirmée, n'osait manifester son lieu privilégié d'expression, c'est ce qu'ose le Marquis, découvrant à notre entendement étonné que ce qui, *d'un côté, s'affirme comme Dieu, de l'autre, se dresse comme Phallus,* et qu'ils sont inséparables. Voilà pourquoi il ne pouvait qu'appeler Mal ce que Spinoza appelait Dieu. Mais l'un et l'autre n'en nomment pas moins ainsi la même réalité anonyme, qui se peut aussi appeler Nature, qui est toute-puissance, toute force, toute énergie, qui ne commence ni ne finit, la grandeur de la conscience étant de consentir à s'abolir pour la magnifier d'autant.

3. Agir

«La chose du monde la plus ridicule, ma chère Justine, dit Clément, est de vouloir disputer sur les goûts de l'homme, les contrarier, les blâmer ou les punir, s'ils ne sont pas conformes, soit aux lois du pays qu'on habite, soit aux conventions sociales. Eh quoi! Les hommes ne comprendront jamais qu'il n'est aucun goût, quelque bizarre, quelque criminel qu'on puisse le supposer, qui ne soit le résultat de la sorte d'organisation que nous avons reçue de la nature.» Et, plus loin : «Mais désirât-on même de changer de goûts, le peut-on? Est-il en nous de nous refaire? Pouvons-nous devenir autres que nous sommes[15]?» Qui donc a dit que le Marquis aurait écrit des romans? Qui lit Sade? S'il eût écrit des romans, ne serait-il pas plus lu? N'est-il pas étonnant que le commentaire le plus fréquent que l'on entende à son propos, précisément pour justifier qu'on ne le lise pas, soit : n'est-ce pas ennuyeux, ou monotone? La lecture des œuvres du Marquis est ennuyeuse en effet pour qui y cherche ce qui ne s'y trouve pas : quelque aventure palpitante dont le héros ou l'héroïne susciterait cette identification immédiate à laquelle on s'attend de toute œuvre romanesque. Or les personnages de Sade rebutent plus qu'ils n'attirent. Si la vertueuse Justine rebute peut-être moins, néanmoins sa trop constante vertu produit un effet d'irréalité qui ne convaincra guère celui qui cherchera à y croire de quelque façon. Les personnages des livres de Sade, en effet, sont proprement incroyables. Toute véritable identification y est impossible. Toute représentation tant soit peu réaliste est sans cesse déjouée. Car il n'est pas tant question de raconter ou de fabuler que d'enseigner et d'éduquer. Or tout enseignement est ennuyeux, toute éducation contraignante, car la faculté d'imaginer s'y trouve sans cesse brimée. À ceci près cependant, si l'on est attentif à l'enseignement du Marquis, qu'il n'est pas tellement question de ravaler l'imagination pour mieux plier le sujet à une représentation toute faite du réel, donc de rabattre tous ses rêves d'évasion pour mieux l'adapter à ce que l'on appelle «le réel», que de briser toute représentation imaginaire trop facile, pour éveiller et faire surgir une autre imagination, détectrice d'écarts et d'irrégularités, qui ne donne pas tant sur un autre monde qu'elle n'ouvre à une appréhension constamment renouvelée du réel comme processus infini qui déjoue sans cesse toutes les représentations que l'on peut s'en faire. Aucune représentation d'objet, et, à plus forte raison, de personnage, ne s'avérera dès lors satisfaisante. De même que notre imagination première, à la lecture des ouvrages du Marquis, ne peut parvenir à se laisser emporter dans un autre monde, elle est dans l'incapacité de favoriser l'identification aux personnages mis en scène. Car ces personnages, en tant que tels, manquent de réalité, n'étant, dirait-on, que les supports des discours qu'ils tiennent ou des orgies très réglées auxquelles ils se livrent inépuisablement. L'imagination habituelle est ainsi sans cesse déjouée dans son projet d'identification. Alors que, tout naturellement, elle serait portée à croire et à adhérer aux aventures des personnages, elle est sans cesse déroutée par la longueur et la logique très serrée des discours que ces personnages ne cessent de tenir. De même, les mises en scène que l'on pourrait qualifier d'«érotiques», étant donné la précision des règles et des arrangements auxquels elles sont soumises, empêchent toute représentation première de se former. Les personnages discourent trop pour qu'on y croie, les arrangements érotiques deviennent trop précis pour qu'on puisse se les représenter. D'où l'effet d'ennui ou de monotonie immédiatement produit sur l'esprit tant soit peu «romanesque».

C'est paradoxalement de la sorte en décevant sans cesse l'imagination un instant éveillée que procède l'entreprise d'enseignement à laquelle se livre le Marquis, semblable en cela au personnage de Dolmancé, pourtant présenté dans *La Philosophie dans le boudoir* comme «le plus profond séducteur». Car l'âme est en sommeil, voilà ce qui abuse, et, laissée à elle-même, elle ne s'éveille qu'à peine, pour se livrer à des rêves qui la maintiennent dans sa langueur matinale. C'est alors qu'elle s'imagine ailleurs, comblée, heureuse; c'est alors aussi qu'elle entend cette voix qui la rend si conciliante dans son rapport aux choses, pleine de compassion et de douce sollicitude. L'âme alors est en repos, ainsi que le corps, tous deux enveloppés dans une sorte de demi-sommeil qui se fait aisément appeler «conscience». Car la fatigue est l'état le plus naturel du corps, c'est-à-dire celui qui lui vient le plus facilement. Et l'âme l'accompagne dans une sorte d'alanguissement. Qui donc les tirera de leur sommeil ne serait-ce que pour que l'âme, du moins, se rende bien compte qu'elle dormait, enveloppée? N'est-ce pas le séducteur, cet inconnu sans visage, qui, un jour, viendra la ravir? Mais encore lui aura-t-il fallu s'être détachée des liens trop familiers qui la retenaient, avoir été en quelque sorte «jetée à la rue» ou s'y être jetée elle-même, pour se retrouver livrée à l'errance. Justine n'est-elle pas par excellence cette «âme errante», à la recherche de quelque asile, âme faible cependant qui se détourne sans cesse de ce qui pourtant lui est sans relâche exposé? Justine n'est-elle pas toujours celle qui ne veut pas voir, mais à qui, cependant, tout est montré et démontré? Celle qui ne veut rien entendre et qui reste réfugiée en elle-même. Fermée donc à toute connaissance. Car toute véritable connaissance est violence, en ce qu'elle est dévoilement de ce qui est. Dévoilement, c'est-à-dire monstration et démonstration, les deux étant indissociables. Aussi le maître est-il séducteur par la violence qu'il exerce. Tel est le fondement de son autorité. Or cette violence est d'abord faite à soi-même, c'est-à-dire aux facilités de l'âme, toujours portée à se réfugier en elle-même. Car il sait qu'en réalité il n'est maître de rien. Telle est sa vraie puissance. Consentir à n'être rien, rien que cela, cet incontournable : ce corps, ces goûts, ces passions, toujours plus forts que moi, trop forts pour moi, auxquels pourtant peu à peu j'ai appris à céder. Est-ce là faiblesse, comme l'enseigne traditionnellement la morale? Ou force? La faiblesse n'est-elle pas de se voiler la face, de refuser de voir ce qui pourtant insiste? Est-il vrai que je puisse échapper à ce corps? Ou n'y suis-je pas voué sans recours? Où se trouve l'«égoïsme»? Dans le respect que je voue à une représentation de ce corps que je tente de me constituer, de ce que ce corps serait ou devrait être, en fonction de ce que l'on m'a enseigné qu'il était ou qu'il devait être, à tel point que je ne sache plus distinguer ce qui est de ce qui doit être, ce qui est voilé de ce qui voile? Ou l'«égoïsme» se trouve-t-il dans la connaissance de ce qui, de ce corps, m'échappe irréductiblement, et donc, dans la pleine admission de ce qu'il exige de moi? Dès lors que s'éprouve en mon corps tel mouvement, telle sensation ou telle pulsion, puis-je m'y refuser? Puis-je me refuser à l'éprouver? Telle est la première question. À laquelle bien sûr, le Marquis, à travers ses personnages, mais aussi dans ses lettres de prison, répondra par la négative. Et si je ne puis faire autrement que de l'éprouver, pourquoi ne pas le reconnaître, l'admettre, et par conséquent, y céder en pleine conscience? Est-ce là ce que l'on appelle «égoïsme» : admettre et consentir à ce qui, pourtant, nous échappe? Reconnaître que l'on est sans moyen, sans véritable autorité par rapport à ce que l'on peut ressentir dans son corps? Ou plutôt ne devrait-on pas dire «égoïste» cette attitude qui consiste à se replier sur une représentation que se fait la conscience du corps pour mieux se rassurer et se convaincre de son autorité sur lui?

Car le corps n'en éprouvera pas moins ce qu'il éprouve. L'enseignement qui consiste à dire «détourne-toi de cette tentation», n'empêche pas néanmoins de la ressentir. Et comment se détourner de la tentation si ce n'est, précisément, en détournant le regard, en voilant la vue de la conscience? À partir du moment où je regarde en face ce que mon corps éprouve, puis-je y échapper, n'ai-je pas déjà commencé d'y céder? Ce que, dès lors, enseigne la morale religieuse n'est pas tant de ne pas céder à la tentation que d'en venir à ne plus se rendre compte que l'on en éprouve, à force d'en détourner l'attention de la conscience. Dès lors, mon corps se trouvant, à mon insu, porté en tel sens, mes regards s'échappant, mes pensées se laissant entraîner du côté de quelque objet, je dois apprendre à n'y pas faire attention ou à faire comme si... comme s'il n'en était pas ainsi. «Non, je te suis bien resté fidèle, puisque mon corps jamais ne t'a trompé. — Mais que veux-tu dire, pourrais-je te rétorquer, de quel corps parles-tu? Qu'en est-il de ces regards, de ces gestes et qu'en est-il aussi de ces pensées qui nécessairement les accompagnent? Ne pourrais-je te rappeler ce que, il y a déjà plusieurs siècles, Héloïse écrivait à Abélard, qui lui avait fait l'éloge de sa chasteté : "On vante ma chasteté, dit-elle, parce qu'on ignore à quel point je suis fausse. On exalte comme une vertu la continence de mon corps, alors que la vraie continence relève moins de la chair que de l'esprit[16]", Héloïse qui venait d'écrire : "Peut-on dire que l'on fait pénitence, quelle que soit la mortification que l'on impose au corps, quand l'âme conserve le goût du péché et brûle de ses anciens désirs?"; et encore : "Les plaisirs amoureux qu'ensemble nous avons goûtés ont pour moi tant de douceur que je ne parviens pas à les détester, ni même à les chasser de mon souvenir. Où que je me tourne, ils se présentent à mes yeux et éveillent mes désirs. Leur illusion n'épargne pas mon sommeil. Au cours même des solennités de la messe, où la prière devrait être plus pure encore, des images obscènes assaillent ma pauvre âme et l'occupent bien plus que l'office. Loin de gémir des fautes que j'ai commises, je pense en soupirant à celles que je ne peux plus commettre"; et finalement :

"Parfois, les mouvements de mon corps trahissent les pensées de mon âme, des mots révélateurs m'échappent..."[17]» Le comportement vraiment moral serait-il celui qui consiste à fuir la réalité du corps, à ne pas reconnaître ce qui est, et, par conséquent, à faire comme si..., par rapport à soi et aux autres? «Mais encore? ajoutera Héloïse, à quoi bon s'abstenir du mal si l'on ne fait pas réellement le bien[18]?» Le véritable comportement moral consiste-t-il en une simple abstention, rendue possible par une sorte d'attitude vite muée en réflexe qui revient à se détourner de ce qui insiste? Cette peur de ce qui échappe, cette volonté de se faire croire qu'on a prise seulement parce qu'on parvient à s'abstenir non pas de ses pensées, ni même de certains mouvements de son corps, mais bien de tel acte qui en serait l'aboutissement nécessaire, n'est-elle pas le véritable égoïsme qui, dès lors, ne peut se dissocier de l'hypocrisie?

L'éthique de Sade est motivée par une immense révolte contre toute forme d'hypocrisie. Hypocrisie, soit : refus de voir, de consentir à ce qui est et qui, nécessairement, nous échappe. Le fondement de cette éthique est donc la pleine reconnaissance de la vraie nature du corps comme puissance qui échappe à tout contrôle. Reconnaître ce qui est, en outre, ne veut pas dire se maintenir dans une attitude d'observateur détaché, mais implique d'agir en conséquence. Consentir est à la fois un acte de l'esprit et une action du corps. Qui n'admet pas la nécessaire simultanéité de l'un et de l'autre s'installe dans une dissociation qui est mensonge. On ne peut comprendre vraiment sans agir, car l'on en resterait à une représentation du corps qui revient encore à en éluder la réalité. Ce qui, à tel moment, a cherché à s'exprimer par le corps est incontournable. C'est le sommeil de la conscience qui nous le voile : mais nos rêves, nos fantasmes, ces représentations nécessairement retardées (car telle est l'essence de la représentation : retarder par rapport à ce qu'a éprouvé le corps et à ce que, simultanément, a saisi l'esprit), nous signaleront ce qui fut alors éprouvé. Comment les éviter, ou encore, s'ils se sont produits, leur mettre un terme? Telle est la véritable question éthique : une question de santé et de nécessité. Est-il sain de se complaire en un fantasme ou en quelque rêve inassouvi? N'est-ce pas là l'égoïsme et l'hypocrisie : s'installer dans ce retard par rapport à la réalité du corps et refuser d'y échapper; dès lors, en vouloir à tout ce qui, à l'extérieur de soi, chez les autres, rend manifeste, exprime ce que nous nous dissimulons ou ne vivons qu'en représentation? Le véritable comportement éthique ne consisterait-il pas à tenter, le plus possible, de rendre manifeste ce qui est, de rapprocher la pensée de la réalité du corps? Ce qui veut dire, indissociablement : produire l'idée adéquate de ce que le corps éprouve et l'exprimer? L'on peut dès lors comprendre pourquoi, dans les œuvres de Sade, les attitudes du corps sont à ce point exposées dans les moindres détails en même temps que la pensée se tend à l'extrême dans son effort de rationalité. L'exposition du corps va de pair avec la démonstration de l'esprit. Or cet effort d'adéquation qui consiste à tenter de rendre le plus possible transparents l'un à l'autre le corps et l'esprit, n'implique-t-il pas nécessairement accroissement de puissance : l'acte accordé à l'idée et l'idée accordée à l'acte, n'est-ce pas le secret de la puissance? Et cela ne nous permet-il pas de comprendre le sens et l'importance que prend la sexualité dans les œuvres du Marquis? N'est-on pas abusé, à la lecture de ses ouvrages, par cette conception restreinte de la sexualité qui nous fut léguée par la tradition morale issue du christianisme? Tradition qui, comme on l'a vu, enseignait la dissociation de l'acte et de la représentation, ou, plus précisément, stigmatisait l'acte pour mieux confiner à la représentation, ce qui est le germe de toute hypocrisie? Or, si la sexualité, tel un torrent, envahit toutes les œuvres de Sade, est-ce en raison d'une quelconque obsession localisée du Marquis, ou n'est-ce pas parce que, tentant de penser le corps dans sa réalité nue, comme nature, ou partie de la nature, il en libère la puissance? Ou, si l'on préfère, indissociablement, révélant que sa nature est puissance, il la libère du même coup? Or cette puissance du corps ne s'affirme-t-elle pas d'abord, et de manière essentielle, à travers la sexualité, dans la mesure où celle-ci est l'expression la plus vive, la plus impétueuse et en même temps la plus incontournable de la Nature en nous? Et le Dieu de Sade, si l'on peut dire, n'est-il pas d'abord la Nature plutôt que la sexualité? C'est parce que la Nature est puissance perpétuellement agissante, créatrice, transformatrice, et que le corps en est une modalité, que la sexualité est amenée à prendre une telle importance, comme lieu d'expression privilégié de cette puissance. Or le Phallus dressé n'en est-il pas la forme d'expression la plus immédiatement sensible?

4. S'anéantir

«On fait ce qu'on veut de son âme, dit Bressac dans *La Nouvelle Justine* : les ressorts de la philosophie la montent au ton que l'on désire...[19]». «Hausse le ton de ton âme, Justine», s'entend-elle dire de toutes parts. «Éteins ton âme, lui dit-on encore, comme tu nous vois endurcir les nôtres; tâche de te faire des plaisirs de tout ce qui alarme ton cœur[20].» L'homme et la femme se laissent affaiblir par la tendresse et s'éloignent ainsi de leur corps. Si la tendresse envahit tout, c'est qu'en elle l'humanité se complaît, croyant y reconnaître son vrai visage. Le rapport à son corps de chacun des deux sexes tend à résorber ce lieu d'effraction où s'inscrit la différence sexuelle dans une représentation globale du corps. Lieu d'effraction, disons-nous, fente, entaille, le sexe est cette ouverture par où la Nature peut s'emparer de nous et nous investir complètement. Les regards échangés abusent, si l'on n'est pas sensible à ce qui, subtilement, les détourne l'un de l'autre. Ils pointent toujours ailleurs du côté de ce qui se tient caché, mais surtout fermé, et menacé à tout instant de s'ouvrir. Le phallus est ce qui par excellence indique la différence et pointe du côté de la faille ou de la fente. Voilà pourquoi, le plus souvent, il abuse. Car on ne voit que lui. On s'y arrête. On s'y fixe. Tel le regard de l'homme sur son propre corps qui ne peut s'empêcher de passer par là, et, s'y étant arrêté, de revenir à soi comme augmenté de ce détour. Regard qu'il renvoie à la femme qui ne pourra manquer de s'en sentir diminuée, manquante, et donc de se tourner du côté de ce qui pourrait combler ce qui, si difficilement, manque ainsi. Aussi est-il très facile de s'abuser et de croire qu'en effet c'est de cela qu'il s'agit, soit de combler la faille, de refermer la brèche, de boucher ce qui s'est ouvert. Paradoxalement, par refus ou incapacité de voir, peut-être de savoir, l'homme et la femme réduisent leurs rapports à des trivialités que seuls des assauts de tendresse aveugles peuvent faire oublier. Mais on y revient toujours.

À quoi, au juste? À la fente. Que la vue du phallus, que le regard jeté sur soi *par l'intermédiaire du phallus* occulte. Or c'est par elle que tout m'arrive ou m'advient, par elle aussi que tout m'échappe. Le phallus ne fait que se raidir et se durcir. Mais alors qu'est-ce qui lui prend? Il est excité, dirait-on. Mais par quoi? Probablement par la sensation appréhendée de se perdre, de se détacher peut-être, de s'engouffrer, de n'être plus. On ne voit que lui. Il prend toute la place. Il occupe tout le champ du regard. Et pourtant, c'est à l'invisible, le presque intangible qu'il réagit. La douce et inquiétante sensation de disparaître. Or n'oublions pas qu'il s'agit de ce qu'il convient d'appeler «l'organe de la reproduction». La reproduction serait-elle prise en défaut? Ou encore, la sensation de ne servir à rien, de perdre toute fonction instrumentale en s'engouffrant n'est-elle pas ce qui pousse le phallus à l'érection? À tant le considérer, l'on en vient en effet à croire qu'il sert à quelque chose. Mais si, en réalité, il ne servait à rien, ne s'animant qu'à la sensation de se perdre? Qu'en serait-il dès lors du sens de la reproduction de l'espèce? N'est-ce pas en s'en détournant, en sentant qu'il se détourne de tout but et de toute fonction, qu'il se perd, se dissout ou se trouve arraché, qu'il se dresse soudain, dérisoire figure d'une humanité en panne ou en manque par rapport à elle-même?

Et si l'homme, entendons le mâle, se trouvait attiré par sa propre fente mais s'abusait *à la vue* de celle de l'autre, de la femme? S'il voulait ainsi à tout prix boucher cette ouverture qu'il voit et qu'il ne voit que trop pour ne pas se livrer complètement à la sensation de perte qui le tente et qui accompagne l'enfouissement du phallus? D'où également cette tendance à prendre ou à faire prendre cet organe, comme s'il était question d'arracher ce qui sans cesse menace de disparaître, et, le prenant, le brandissant, de se prouver qu'il est bien toujours là, aussi ferme qu'on le voudrait.

Tel est bien ce vers quoi le Marquis, si fin et perspicace, oriente notre attention. Pour qui sait lire évidemment et ne s'en tient pas aux plates évidences du langage ou aux redondances du discours. Qu'est-ce qui passe entre les lignes? Telle est la question. Et qu'est-ce qui reste? Un vertige, dirait-on. Donatien-Alphonse-François se trouve en prison, de par la volonté expresse du roi, mise en branle par sa belle-mère soucieuse de sauver l'honneur de la famille. Les souris envahissent sa prison, et d'ailleurs, dévoreront en partie ses manuscrits. Le voilà seul. Seul, faut-il le dire, avec ce phallus qui le démange et les imaginations qu'il suscite. Mais le Marquis est un artiste. Il ne cède pas. Il ne cède pas si vite. Il cède même très lentement et très difficilement. Le Marquis pratique avec un art consommé la retenue. Et j'ajouterais : *la retenue réfléchie*. Méthodiquement réfléchie. Systématisée. C'est en cela qu'il est philosophe. Or il est seul, ne l'oublions pas. Seul dans sa prison. Réduit. Réduit à vivre avec des souris. À ne parler à personne. Ou presque. À ne manger que ce que l'on veut bien lui servir. Et quand on veut bien le lui servir. Réduit donc, je le répète. Réduit à son corps. Hanté certes par des rêves d'évasions. Mais dont, à Vincennes ou à la Bastille, il devra se convaincre qu'ils sont impossibles à réaliser. Réduit à ce corps, sans possibilité d'y échapper. À ce phallus qui le démange. Seul. Sans amis. Sans femme. Avec pour seule véritable ressource d'écrire. Quoi de plus décevant! Réduit à ce corps avec comme seule ressource d'écrire! Dès lors, il s'affine. Il s'affine de façon particulière : en s'endurcissant. Citons ici Bressac, à la fois comte et marquis, selon les différentes versions de *Justine*, ainsi que lui-même, nous signalant sans doute que, de tous ses personnages il est celui qui lui ressemble de plus près. Bressac s'adresse donc à Justine en ces termes : «Crois-tu donc que dans mon enfance je n'avais pas un cœur comme toi? Mais j'en ai comprimé l'organe; et c'est dans cette dureté voluptueuse que j'ai découvert le foyer d'une multitude d'égarements et de voluptés qui valent mieux que mes faiblesses[21].»

Voilà. Le Marquis ne se laisse pas aller. Ne se défait pas. Ne se décompose pas. Malgré toutes les tentations qu'il a pu éprouver et qu'il exprime dans ses lettres à sa femme, qu'il faut lire en même temps que ses grandes œuvres parce qu'elles en constituent la trame sourde, celle de la tentation de faiblesse qu'il surmonte dans ses romans. Et qu'il surmonte d'autant plus, avec une force d'autant plus grande que la tentation est plus forte. Le Marquis n'est pas Jean de la Croix, qui, dans la prison où il fut aussi jeté, plutôt que d'apprendre à se durcir, s'abandonna complètement, allant au bout du renoncement à son corps. Le Marquis n'est pas Jean de la Croix parce qu'il croit à la vie, qu'il est attaché à la vie et qu'il sent que, pour vivre, il doit se durcir. Il apprend donc à étouffer les mouvements de son âme qui le portent à désespérer, à s'attendrir, à attendre des secours. Il ne croit pas possible d'échapper à ce corps, et il ne souhaite pas y renoncer. Dès lors, il s'y voue, il s'y condamne, il s'y réduit complètement. Par lui, il communique avec la Nature, quoique en prison. Cette Nature à laquelle il fait dire quelque part dans *Histoire de Juliette* : «Je t'ai lancé comme j'ai lancé le bœuf, l'âne, le chou, la puce et l'artichaut; j'ai donné à tout cela des facultés plus ou moins étendues; uses-en : une fois hors de mon sein, tout ce que tu peux faire ne me touche plus[22].»

Sans échappatoire voué à ce corps, tels le bœuf, le chou, la puce et l'artichaut. Ce corps que je n'ai pas choisi. Qui n'est pas à moi. Voilà qu'il apprend en prison : ce corps n'est pas à moi, car il n'y a personne, mais alors personne, pour m'en renvoyer l'image, me faire croire par exemple à sa «beauté», à sa «jeunesse», à son «charme» et autres billevesées. Plus aucune fadaise désormais ne l'atteint. Sa seule ressource : ce corps. Cet étrange compagnon. Cet étranger. Que plus aucun enveloppement de mots ni d'images ne vient masquer. Nu désormais. Réellement nu. Se rend-on compte que les liens sociaux sont tels, nous envahissent au plus profond de nous-mêmes à tel point que nous ne savons plus, n'avons plus aucune notion de ce que veut dire la nudité du corps et que nous sommes devenus incapables d'entendre cette voix dont le Marquis nous dit qu'elle est la plus profonde, plus profonde encore que celle de la conscience, et que celle que la conscience, entretenue et reprise par des générations d'hommes, a complètement étouffée, sans cependant réussir vraiment à l'éteindre, puisque l'éteindre signifierait arrêter de vivre : «Il est pourtant un organe sacré qui retentit en nous, explique le Saint-Père à Juliette, avant la voix de l'erreur de l'éducation; mais cette voix, qui nous soumet au joug des éléments, ne nous contraint qu'à ce qui flatte l'accord de ces éléments, et leurs combinaisons modifiées sur les formes dont ces mêmes éléments se servent pour nous composer. Mais cette voix est bien faible, elle ne nous inspire ni la connaissance d'un Dieu, ni celle des devoirs du sang ou de la société, parce que toutes ces choses sont chimériques. Cette voix ne nous dicte pas non plus de ne pas faire aux autres ce que nous ne voudrions pas qu'il nous fût fait : si nous voulons bien l'écouter, nous y trouverons positivement tout le contraire[23].»

Seulement d'être réduit à son corps peut nous permettre d'entendre cette voix enfouie. Alors s'éprouve cette complète nudité du corps, autrement dissimulée. Et, du même coup, devient possible la connaissance de ce corps pour ce qu'il est réellement, hors image, donc sa nature propre. Or ce corps est fendu. Voilà ce que découvre essentiellement le Marquis. S'il est fendu, comment m'appartiendrait-il, comment pourrais-je en dire qu'il s'agit de *mon* corps? Fendu, car il s'écoule. Il s'écoule par-derrière en excréments, par-devant, en urine et sperme. Il s'écoule en sueurs. Il s'écoule en pleurs. Il s'écoule par la bouche, par le nez, par les oreilles. Il fuit. Mais s'il fuit, c'est qu'il est fendu. Et fendu de partout. Car il peut s'écouler en sang, si telle ou telle de ses parties se trouve blessée, incisée, marquée, tailladée. Mais s'il peut ainsi être fendu de partout, c'est qu'il est «fendable», si l'on me permet l'expression, de partout, ce qui n'empêche pas qu'il y ait des lieux privilégiés d'effusion, comme ceux que j'ai mentionnés au début. Or, découvre ensuite le Marquis, partout où ce corps se fend et s'écoule, il me fait éprouver du mal, de la souffrance. Voilà pourquoi généralement nous nous en détournons. Voilà pourquoi généralement nous nous détournons de la connaissance du corps dans sa vraie réalité. Dès que cette réalité se manifeste à nous d'une manière ou d'une autre, comme cela fait mal, nous nous en détournons et retournons nous réfugier dans la conscience, qui nous offre à profusion mirages et rêves, fantasmes et illusions. Mais, lorsqu'on est seul, comme le Marquis, entouré de souris et servi par des hommes qui ressembleraient plutôt à des rats, et que, comme lui, on se trouve mû à la fois par un très ardent désir de vivre et un très vif désir de connaître, on ne peut se détourner de ce corps et de ce qui souffre en lui. Et, plus on le considère ainsi, tel qu'il est, tel qu'il va, fendu, s'écoulant, fuyant, plus on sent monter en soi une drôle de force, ou, si l'on préfère, de puissance. Et fort étrangement, à sentir ce sang qui s'écoule ou ces excréments qui sortent, à ne pas s'en détourner, mais à penser ainsi ce qui se passe, «stoïquement», dira le Marquis, lentement le sexe se dresse, le phallus s'érige. Qu'est-ce donc à dire? La pensée sans image, l'idée, dirait Spinoza, de ce qui se passe réellement dans le corps irait de pair avec l'érection du phallus? Mais l'idée du corps est celle du corps en tant que fendu, qui souffre et s'écoule. Voilà jusqu'où n'était pas allé Spinoza. Mais ce que Spinoza avait compris, c'est que l'idée du corps, qu'il appelait aussi l'âme ou l'esprit, allait de pair avec un accroissement de puissance de ce corps. La compréhension de la vraie nature du corps, avait saisi Spinoza, va de pair avec une poussée de puissance dans ce corps. Ce que Sade découvre, c'est que le corps est fendu, qu'il s'écoule, qu'il souffre, et qu'à le considérer ainsi, souffrant, étant soi-même comme détaché, comme à distance de ce qui s'y passe, plus on parvient à s'en détacher, à en détacher la conscience, et à le considérer ainsi, plus en effet monte en soi la puissance, qu'exprime immédiatement l'érection du phallus. Tel est bien cet état qu'il dit *«d'apathie»*, soit ce détachement, ce flegme à l'égard des passions en soi, c'est-à-dire de ce qui souffre en soi, et la possibilité, de par cette distance maintenue, de transformer en jouissance cette souffrance, ou encore de faire de cette défaillance une occasion et une source de puissance. On peut maintenant comprendre la phrase de Bressac que nous citions ci-dessus. Parlant du cœur donc, c'est-à-dire de cette sensibilité toute socialisée au contact des autres, il disait : «... j'en ai comprimé l'organe; et c'est dans cette dureté voluptueuse que j'ai découvert le foyer d'une multitude d'égarements et de voluptés qui valent mieux que mes faiblesses».

Dès lors, qu'est-ce que le crime? Et comment, comme le disait Durcet que nous citions, peut-on bander à l'idée du mal, ou du crime? Le crime ne vient-il pas de ce que l'on puisse, plutôt que de subir la souffrance en attendant qu'elle passe et que l'on puisse retrouver le havre chaud de l'humanité qui guérit, vouloir la souffrance, la rechercher même à travers autant d'épreuves dont on pourra sortir renforcé? Vouloir ce qui me fait souffrir à cause de la jouissance que je puis en tirer. Tel est le premier moment. Mais vouloir aussi que les autres souffrent pour ne pas rester seul enfermé dans ce corps dont je sais désormais qu'il n'est fait que pour s'écouler. Que les autres souffrent pour qu'ils apprennent à leur tour à vouloir cette souffrance plutôt que de s'en plaindre et d'attendre d'être soignés et guéris, et à la vouloir pour devenir capables de me l'infliger à leur tour. Telle est la seule voie de sortie hors de ce corps vers le corps de l'autre. Telle est la seule voie réelle de communication : celle du corps qui souffre, mais qui apprend à vouloir cette souffrance.

Arrêtons-nous ici, car il faut bien comprendre. Si j'ai appris, quant à moi, que la souffrance pouvait être source de puissance et de jouissance, que j'ai surmonté ma propre peur, comment accepterais-je que les autres hommes continuent de mendier, de quémander, de se plaindre? Les encouragerais-je dans cette attitude? Comment désormais le pourrais-je? Dès lors, quelle autre voie s'offre à moi que de leur faire comprendre ce qu'ils ne veulent pas comprendre, en les faisant souffrir, volontairement et en toute conscience, non pour les réduire en esclavage, mais au contraire, pour leur faire comprendre par les discours que je leur tiendrai en même temps, qu'il leur est possible, s'ils acceptent cette souffrance, s'ils y consentent, s'ils la veulent et reconnaissent en elle la voix de la Nature toute-puissante, d'en tirer une puissance accrue et une grande jouissance, la plus grande à vrai dire que l'homme puisse connaître en cette vie. Voilà pourquoi les romans du Marquis regorgent de corps brisés, de flagellations, de meurtres. C'est qu'au fond il n'est de vrai crime qu'à penser, soyons plus précis, à comprendre la vraie nature des choses. Or qu'y a-t-il donc d'autre que les corps, quels qu'ils soient, que nous cherchions à comprendre? Dès lors, pourquoi ne pas chercher à comprendre son propre corps? Et le peut-on sans s'y réduire, le peut-on sans le reconnaître souffrant, et sans le vouloir tel? Et peut-on le faire comprendre aux autres autrement qu'en les flagellant, sélectivement, pour qu'ils s'éveillent enfin à leur propre corps, à ses diverses parties, à ses fissures, ses ouvertures, ses fentes, ses failles, ses brèches et qu'ils se mettent à penser *là,* là précisément où ça souffre, pour vaincre cette souffrance, mais la vaincre en souhaitant qu'elle revienne, plus intense encore, plus aiguë, si intense et si aiguë que leur imagination elle-même en soit dépassée et se rende vaincue à son tour. «Combien de fois, sacredieu, dira Curval dans *Les Cent vingt journées,* n'ai-je pas désiré qu'on pût attaquer le soleil, en priver l'univers, ou s'en servir pour embraser le monde[24]?» Le crime absolu est impossible, car l'idée de la Nature qui s'égalerait à la Nature elle-même est impensable à l'homme. Mais le comble serait, et la plus haute jouissance, que par moi se soit trouvée déclenchée une si forte puissance, à la fois idéelle et physique, puissance de compréhension et d'action, que, me débordant complètement, elle m'emporte et m'anéantisse.

«Tout le monde sait l'histoire du marquis de *** qui, dès qu'on lui eut appris la sentence qui le brûlait en effigie, sortit son vit de sa culotte et s'écria : "Foutredieu! Me voilà au point où je me voulais, me voilà couvert d'opprobre et d'infamie; laissez-moi, laissez-moi, il faut que j'en décharge!" Et il le fit au même instant[25].»

CHAPITRE II

Enquêter ou doit-on liquider le principe de raison?

Prologue : l'âme perdue

«Socrate : Mais un homme ne se sert-il pas aussi de tout son corps? — Alcibiade : Hé! absolument. — Socrate : Or, la chose qui se sert d'une autre, et celle dont il se sert, sont deux? — Alcibiade : Oui. — Socrate : Ce sont deux choses distinctes, qu'un homme et le corps qui est le sien? — Alcibiade : Il le semble bien! — Socrate : L'homme alors, qu'est-ce que cela peut bien être? — Alcibiade : Je ne suis pas à même de te le dire! — Socrate : Mais n'es-tu pas à même de me dire au moins que c'est la chose qui se sert du corps? — Alcibiade : Oui. — Socrate : Or, y a-t-il rien d'autre à s'en servir, sinon l'âme? — Alcibiade : Rien d'autre. — Socrate : Mais n'est-ce pas en ce qu'elle a l'autorité? — Alcibiade : Oui[1].»

À la question de savoir laquelle de ces trois choses, âme, corps, et le composé des deux, est l'homme, ce dernier, d'après ce qui vient d'être dit, devant être ce qui a autorité sur le corps, Socrate répondra : «Or, du moment que ce n'est ni le corps, ni le composé des deux qui est l'homme, il reste, je crois, ou bien que l'homme ce ne soit rien, ou bien, si c'est quelque chose, que l'homme ne soit rien d'autre qu'une âme[2].»

Un peu plus loin, dans ce même dialogue, Socrate développera, afin de parvenir à expliquer l'inscription delphique «Connais-toi toi-même», une comparaison entre la vision de l'œil et celle de l'âme. «Se connaître soi-même» doit être compris au même sens où nous intimerions à l'œil : «Vois-toi toi-même.» «Donc, reprend Socrate, un œil contemplant un œil et dirigeant son regard sur ce qu'il y a de meilleur en lui, cette pupille qui est l'instrument de sa vision, voilà dans quelles conditions l'œil se verrait lui-même[3].» Après quelques échanges, Socrate poursuit : «Donc, cher Alcibiade, si l'âme doit se connaître elle-même, n'est-ce pas vers une âme qu'elle devra regarder, et spécialement vers ce point de l'âme qui est le siège de la vertu propre d'une âme, c'est-à-dire sa sagesse, et vers tel autre point auquel justement ressemble celui-là?» «C'est bien mon avis, Socrate», réplique Alcibiade, toujours aussi complaisant. Et Socrate de reprendre : «Or, sommes-nous à même de dire qu'il y ait dans l'âme quelque chose de plus divin que ce à quoi se rapportent l'acte de connaître et celui de penser?» «Nous n'en sommes pas à même», répond Alcibiade. «C'est donc au Divin, poursuivra Socrate, que ressemble cette fonction de l'âme, et quand on regarde de son côté et qu'on reconnaît tout ce qu'elle a de divin, c'est ainsi que l'on pourra le mieux se connaître.» «Évidemment», réplique Alcibiade. Et Socrate d'achever : «Mais n'est-ce pas parce que, tout ainsi qu'un miroir est plus clair que l'image mirée dans l'œil, et plus pur, et plus brillant de lumière, Dieu est aussi une réalité plus pure justement, plus brillante de lumière que ce qu'il y a de meilleur en notre âme?» Et de conclure : «Donc, en dirigeant vers Dieu nos regards, nous userions, eu égard à la vertu d'une âme, de ce qu'il y a de plus beau, où se puissent mirer même les choses humaines : et c'est ainsi que nous nous verrions, que nous nous connaîtrions le mieux nous-mêmes!» Et Alcibiade, en réponse à cette auguste envolée, interdit, n'aura pour toute réplique que : «Oui[4].»

Il est à noter que tout ce développement repose sur la distinction établie au début de ce que nous avons cité, entre «celui qui se sert d'une chose» et «la chose dont il se sert».

Empruntée au rapport de l'ouvrier à ses outils, puis, par association, de celui-ci aux parties de son corps dont il se sert comme outils pour exécuter son travail, comme les mains et les yeux pour le cordonnier qui taille le cuir, cette distinction sera étendue au rapport de l'homme à son corps. Comme l'ouvrier se sert de ses outils et des parties de son corps dans l'exécution de son travail, l'homme se sert de son corps, et, de même que l'ouvrier ne se confond pas avec ses outils, l'homme ne saurait être confondu avec ce dont il se sert, c'est-à-dire son corps. Comme, ainsi, il ne saurait être confondu avec lui, qu'il s'en sert et a donc toute autorité sur lui, l'homme n'est pas plus son corps que l'ouvrier n'est son outil. Il est donc autre chose. Cette autre chose a nom «l'âme».

Qu'est-ce donc que l'âme, selon Socrate? Ce à quoi l'on a accès par la connaissance, par l'intellect, fonction de l'âme qui «ressemble au Divin», dans laquelle le Divin, Dieu, dira-t-il, se mire. L'âme n'a donc d'autre réalité que d'être ce «lieu» en nous, tout autre que le corps, incernable et irreprésentable, où se mire le Divin, et auquel la connaissance intellectuelle nous donne accès. C'est ainsi que connaître est toujours contempler, c'est-à-dire faire l'expérience d'une analogie, d'une ressemblance entre soi, c'est-à-dire l'âme, et autre chose que soi dont l'âme est l'image. Connaître, c'est échapper à son corps pour accéder à une autre réalité qui n'a rien à voir avec lui et qu'en conséquence il faut apprendre à reconnaître, ce qui n'est possible qu'en se détournant de son corps qui brouille tout. Cette autre réalité l'emporte infiniment sur la première au point de décourager toute comparaison, en ce qu'elle est plus belle, dira-t-on, c'est-à-dire plus pure, plus claire. On dira plus tard : «plus évidente». Ainsi, comprendre, c'est voir, mais avec les yeux de l'âme, et voir d'une clarté dont l'expérience sensible ne nous fournit aucun équivalent.

Il est toujours étonnant, lorsqu'on lit les dialogues socratiques, d'entendre les divers interlocuteurs de Socrate répondre si aisément par l'affirmative à toutes ses questions, qui ne sont la plupart du temps, au fond, que des affirmations déguisées, la moindre de ses ruses n'étant pas de répéter qu'il ne sait rien et qu'il lui faut interroger pour découvrir sa pensée. Sans doute le dialogue lui est-il nécessaire, mais à condition qu'il le dirige, l'oriente et ne laisse jamais la maîtrise lui en échapper. Ainsi y a-t-il lieu de s'étonner d'entendre Alcibiade aussi aisément répondre «oui» à la question de Socrate qui entraînera le dialogue jusqu'au point où nous l'avons vu parvenir. Rappelons cette question : «Et, que celui qui se sert des choses ne se confonde pas avec les choses dont il se sert, nous en sommes d'accord?» Question qui fait suite à l'exemple donné du cordonnier qui taille le cuir. Cette question, si l'on considère sa place dans le dialogue, est à vrai dire décisive, et il ne relève certes pas du hasard qu'elle se trouve inspirée d'un exemple emprunté au monde du travail. La question du travail est sans doute l'une de celles que les philosophes, en dépit des incursions de certains, on été le plus amenés à négliger. Il faut peut-être y voir un effet de la parenté que le philosophe a traditionnellement entretenue avec le mage, le prêtre ou le sage, autant de figures d'êtres soustraits aux nécessités du monde du travail. Mais il faut surtout y voir déjà une orientation du regard philosophique occidental, prompt à se détourner de ce qui, dans un phénomène ou une activité, peut comporter quelque obscurité. Certes, Socrate s'appuyait sur l'exemple du cordonnier, mais pour en dire quoi? Qu'en tant qu'ouvrier il est distinct des choses dont il se sert, non seulement de ses outils, prend-il bien soin de préciser, mais aussi de ses mains et de ses yeux. Et, lisant la suite de ce dialogue, on sera amené, au fil des questions et des réponses, à admettre que dire qu'il en est distinct veut dire qu'il n'est pas du tout ces choses dont il se sert, en l'occurrence aussi bien ses mains et ses yeux que ses outils. Il faut supposer que l'ouvrier, tant qu'il travaille, est tout à l'idée de la chose qu'il cherche à produire, ses outils, ses mains et ses yeux n'en étant que les instruments serviles. En d'autres mots, l'ouvrier n'est pas présent à ce qu'il fait, il n'est pas là où, avec ses yeux, ses mains, ses outils, se transforme quelque chose. Pas là, donc ailleurs. Mais où? Dans la pensée. Pendant que ses mains, ses yeux, ses outils travaillent, lui, que fait-il? Il pense.

Certes, comme l'écrit Bataille, «le travail a fondé l'homme»; «... le travail humain, ajoute-t-il, distinct de celui de l'animal, n'est jamais étranger à la raison. Il suppose reconnue l'identité fondamentale avec lui-même de l'objet travaillé, et la différence, résultant du travail, entre sa matière et l'instrument élaboré. De même, il implique la conscience de l'utilité de l'instrument, de la série de causes et d'effets où il entrera[5].» C'est ainsi, selon lui, par l'opération du travail, que l'homme est devenu raisonnable : car, ajoute-t-il, «le primitif a pu... penser qu'une chose est, mais en même temps n'est pas, ou qu'elle peut en un même temps être ce qu'elle est et d'autre chose...[6]». L'homme, par le travail, devient ainsi raisonnable en ceci qu'il devient capable d'identifier le différent. Certes, le travailleur a bien à l'esprit l'idée de la chose qu'il cherche à produire, sans peut-être se la représenter très nettement, mais l'expérience du travail elle-même n'est-elle pas celle de la transformation d'une matière première donnée en un produit? Transformation veut dire changement de forme : le processus du travail consiste en un changement de forme d'une chose donnée au moyen d'un instrument de production quelconque. Car il n'est pas de travail sans outil, celui-ci serait-il la main. L'outil est certes une chose extérieure au travailleur : s'il s'agit de sa main, c'est donc dire que celle-ci, aux fins d'un travail donné et pendant la durée de celui-ci, devient «comme» extérieure. De ce point de vue, Socrate a bien raison. Mais il néglige de considérer le moment proprement dit de la transformation qui, pourtant, est quand même l'essentiel du travail. Or en quoi consiste ce moment? En l'expérience de la différenciation d'une chose donnée : l'intervention de l'outil sur la chose la rend progressivement autre qu'elle-même, la rend donc progressivement méconnaissable. La représentation que le travailleur s'en faisait se défait, se décompose : autre chose advient. Du même coup, le travailleur devient autre, il se perd dans ce qu'il fait, il se confond avec l'outil, c'est-à-dire avec l'intervention de l'outil sur la chose. Si l'outil est bien une chose extérieure déjà fabriquée, il devient cette chose extérieure, il sort donc de lui-même, tout à la marque qu'il cherche à inscrire et qui, en quelque façon, lui échappe, ou par laquelle il échappe à lui-même. Mais, s'il s'agit de sa main, il a d'abord fallu que celle-ci lui devienne extérieure, pour que, par la suite, transformant l'objet, il s'y perde et se confonde avec elle. De toute manière, qu'il y ait outil ou non, son corps, ou telle partie de son corps, se trouve toujours impliqué dans l'opération de transformation. C'est dire que le travailleur, de même qu'il a constitué un outil en l'extrayant du monde des choses au sein duquel il se trouvait, extrait telle partie de son corps ou son corps tout entier de son appartenance, de sa co-présence au monde des choses. Il extrait la chose ou son propre corps, les constituant dès lors en objets distincts par rapport auxquels il peut, de l'extérieur, désormais se poser comme sujet, comme on dira. Ainsi, pour se constituer comme sujet et constituer les choses en objets, l'homme s'est extrait du monde des choses, il s'est arraché à une certaine immanence, qui, sans impliquer qu'il se soit confondu avec le monde, l'en faisait tout de même une sorte d'interlocuteur intérieur.

Cela dit, néanmoins, ce sujet aux prises avec l'outil qui fait violence au monde des choses, à travers telle chose en particulier, dans le processus même de la transformation, s'est échappé, s'est oublié, est devenu l'outil marquant la chose, bref, s'est perdu, s'est dépensé. *Ainsi y a-t-il perte dans l'opération du travail,* et cette perte est décisive, car c'est d'elle que la marque est issue, qui, irréductiblement, aura rendu l'objet autre. Perte de quoi? Perte d'identité, de cette identité de l'homme-sujet se confrontant à l'objet. De cette perte certes quelque chose est issu, c'est une perte finalisée, qui, en quelque sorte, trouve son sens dans le produit. Mais tout a bien failli manquer, l'opération a failli échouer, et c'est d'ailleurs de cet échec risqué et surmonté qu'est issu l'objet qu'on pourra appeler «produit». Rien ne se produit donc si aisément ni idéalement. Il n'y a pas de production sans perte, c'est-à-dire, comme le dira Marx, sans usure. L'usure est d'abord celle du travailleur qui, littéralement, meurt au travail, mais c'est aussi celle de l'outil qui se dégrade, se déprécie et devient désuet.

«L'acte de production est donc lui-même dans tous ses moments un acte de consommation également», écrira Marx. «Double caractère de la consommation, subjectif et objectif, explique-t-il; d'une part, l'individu qui développe ses facultés en produisant les dépense également, les consomme dans l'acte de la production, tout comme la procréation naturelle est consommation des forces vitales. Deuxièmement : consommation des moyens de production que l'on emploie, qui s'usent, et qui se dissolvent en partie (comme par exemple lors de la combustion) dans les éléments de l'univers. De même pour la matière première, qui ne conserve pas sa forme et sa constitution naturelles, mais qui se trouve consommée[7].»

Si, pour reprendre ce qu'écrivait Bataille, le travail a bien fondé l'homme et si, comme il l'écrit aussi, l'homme, par le travail, s'est bien séparé de la violence, il faut ajouter que, alors même qu'il se livre au travail, d'un côté, il retourne cette violence contre la chose, et, d'un autre côté, c'est à lui-même qu'il fait violence, en tant que sujet constitué, car il se perd, se dépense, s'use et les choses avec lui, qu'il s'agisse de l'outil ou de la matière première. Ainsi extrait des choses, ayant échappé à la violence première de l'immanence, le sujet constitué la retrouve en lui-même dans l'opération qu'il fait pour la vaincre à nouveau. Bien sûr, peut-on dire, le produit vient tout racheter. Il règne, intangible, semble-t-il, au terme du processus, preuve de sa réussite. Mais lui aussi à peine advenu commence à se dégrader, et d'ailleurs, ne l'a-t-on pas produit pour le consommer, en user, c'est-à-dire le perdre?

Dès lors, qu'en est-il de l'âme et de l'idée, de cette idée qui lui vient du Divin auquel elle ressemble? S'est-elle perdue? A-t-elle sombré dans l'abîme? En reste-t-il quelque chose? Car le travailleur se perd et s'use au travail, voilà ce que ne considérait pas Socrate. Et s'il perd ses forces, il y perd aussi la conscience, il en oublie toute idée et s'éloigne ainsi d'autant du soin de son âme dont Socrate disait bien à Alcibiade que c'est d'elle «qu'il faut avoir souci et que c'est là le but qu'il faut viser». Mais pourtant, la perte de son âme n'est-elle pas la condition même de l'inscription de sa marque dans la chose?

Ce qui reste, c'est ainsi ce qu'il a perdu de lui-même. Et que resterait-il de Socrate, faut-il se demander, si son enseignement ne s'était perdu en Platon, et plus précisément, dans l'écriture de Platon, au point que l'on ne sache jamais ce qui, chez Platon, vient de Socrate ou de lui-même?

1. L'au-delà et l'ici-bas

Saint Augustin écrit dans ses *Confessions,* s'adressant à Dieu : «Parfois aussi tu me fais entrer tout au fond de moi en un état extraordinaire, au seuil de je ne sais quelle douceur, qui, si elle atteint en moi son achèvement, sera un je ne sais quoi autre que cette vie. Mais je retombe, sous un poids qui m'accable, aux choses présentes. De nouveau les occupations coutumières m'absorbent. Elles me tiennent et j'ai beau pleurer bien fort, c'est bien fort qu'elles me tiennent. Tant le bagage de l'habitude a d'empire! Pouvoir être ici-bas et n'en pas vouloir, vouloir être là-bas et ne le pas pouvoir : me voilà pris entre deux maux[8].» Ici-bas et là-bas ou au-delà : aspirer à l'un et n'y pouvoir atteindre qu'en de rares instants, cependant si précieux que l'on ne pense plus qu'à se détacher de l'autre. «Tant que nous vivrons ici-bas, explique Socrate à Simmias dans le *Phédon,* nous n'approcherons, semble-t-il, le plus près possible du savoir qu'autant que, dans la mesure de nos moyens, nous n'aurons aucun rapport ni aucun commerce avec le corps, si ce n'est en cas d'absolue nécessité, qu'autant que nous ne lui permettrons pas de nous remplir de sa propre nature, mais que nous travaillerons à nous en purifier, jusqu'à ce que Dieu lui-même vienne nous délivrer[9].» Dès lors, nous le savons, à l'aube même de notre civilisation, *la vraie vie est ailleurs* : dans ce monde autre que, dès l'abord, l'on nous représente «là-haut», «au-delà», indiquant par ces métaphores la voie d'une élévation vers laquelle nous devons tendre. Mais pourquoi *s'élever*? D'où vient cette métaphore qui semble s'imposer avec une évidence incontournable au début de notre civilisation? Dans le passage que nous avons cité, saint Augustin oppose «là-bas» au monde des «choses présentes» dont il dit que «le poids l'accable», ou aux «occupations coutumières» qui l'«absorbent». Le monde de la pensée ou de l'âme est opposé par Socrate au corps en ce que celui-ci, nous dit-il, «occasionne mille embarras par la nécessité qu'entraîne son entretien»; «il nous remplit, ajoute-t-il, de désirs, de passions, de craintes, de toutes sortes d'imaginations et d'innombrables frivolités[10]». Ainsi, ce qui se trouve représenté en bas tient à l'entretien du corps, mais aussi à tout ce qui constitue la vie proprement dite de ce corps, ce qui le parcourt et l'anime : désirs, passions, craintes, imaginations, frivolités. L'on ne saurait dire que la réalité du corps se trouve méconnue ni défigurée ni réduite par ce que nous en disent saint Augustin et Socrate. Si on le représente toujours en bas, ce n'est pas tant qu'on l'ignore ni qu'on le nie abstraitement, mais c'est bien plutôt parce qu'on en refuse l'empire au profit d'une autre sorte d'expérience dont on dit qu'elle nous élève dans la stricte mesure où elle nous en détache, en même temps que c'est ce détachement qui la rend possible. Cette expérience nécessite un éloignement de toutes les tâches d'entretien du corps, en même temps que le silence ou le calme des passions, c'est-à-dire un certain état du corps qui rend possible qu'on en oublie l'existence ou que celle-ci ne se fasse plus sentir qu'au minimum. C'est alors qu'il devient possible d'accéder au monde de la pensée, qui est un tout autre monde, en ceci, semble-t-il surtout que, par rapport au monde du corps, il serait plus «pur», plus «clair», le rapport à cette pureté et à cette clarté procurant une satisfaction telle et d'un tel ordre qu'elle acquiert le plus haut prix.

Il est de bon ton aujourd'hui, sous l'effet d'un nietzschéisme facile ou de l'empire inconsciemment subi de la vie moderne, de ne voir dans cette expérience qu'une fuite aveugle hors du corps mue par une sorte de crainte ou de haine de celui-ci. Il est difficile de saisir, dans les textes de Platon ou de saint Augustin, l'accent de cette crainte ou de cette haine. Ce qui est plutôt remarquable, c'est l'irrésistible attrait de cette autre réalité, dont la jouissance, identifiée à celle de la pensée, est ardemment désirée. C'est l'attrait de cet autre monde qui détermine le détachement du monde des choses corporelles, plutôt que la crainte ou la haine de celles-ci. Cet attrait, nous l'indiquions, est d'entrée de jeu, pour Socrate, celui d'une purification : «...purifier sa pensée, dit-il, n'est-ce pas séparer l'âme le plus possible du corps, l'habituer à se condenser en elle-même, à se recueillir de toute façon en dehors du corps, et à demeurer, autant qu'il est possible, uniquement avec elle-même[11]». Purifier l'âme, c'est donc lui apprendre, en se détachant du corps, à se «condenser en elle-même», à «se recueillir». C'est ainsi qu'elle saisit les essences des choses, c'est-à-dire ce que les choses sont en elles-mêmes indépendamment des représentations que les sens en procurent à l'esprit. C'est parce qu'une telle expérience est possible, soit celle de la saisie des essences ou des idées pures, que l'on peut avoir la notion d'être esprit, c'est-à-dire autre chose que la vie des sens ou le grondement des passions. C'est cette expérience d'un là-bas, d'un au-delà plus pur qui nous fournit la notion d'une autre réalité à laquelle l'on accède par cette «part» de nous qui s'appellera «esprit». En ce sens, celui-ci n'est pas présupposé dans une représentation préalable consistant à l'opposer au corps : *sa notion se déduit d'une expérience.* De cette expérience de «condensation» et de «recueillement», une vision plus pure est issue qui nous révèle qu'une chose ne s'épuise pas en son apparaître, mais qu'il est possible d'en dégager ce qui, de l'intérieur, la rend irréductible à toute autre et qui, par conséquent, la fait être ce qu'elle est, en d'autres mots, ce sans quoi elle n'est plus ce qu'elle est.

Or c'est cette expérience de la pensée en tant que celle du surgissement de l'idée et de saisie de l'essence d'une chose qui se trouve inscrite irréductiblement au fondement de notre civilisation. C'est elle qui détermine cette représentation d'un au-delà auquel on n'accède que dans la mesure où l'on fait l'effort de se détacher de l'ici-bas : c'est donc elle qui détermine la valorisation de cette expérience de l'au-delà par rapport à celle de l'ici-bas et introduit la notion d'une «existence essentielle» qui de loin l'emporte sur celle qui revient à se satisfaire des choses telles qu'elles apparaissent à celui qui n'est pas capable de ce retrait par rapport à l'expérience sensible qui rend possible à l'esprit de se recueillir en lui-même. On comprendra dès lors que *ce qui vaut le plus* s'en trouve institué par dégagement de ce qui, du même coup, est posé comme valant moins. Cette philosophie est donc *éthique* en son principe, mais elle s'institue comme éthique en s'instituant tout à la fois comme scientifique, car l'institution d'une vie nouvelle ou d'une existence essentielle tient à l'effort de la pensée, entendue comme saisie intellectuelle de l'essence. Ou encore : la saisie de ce qui fait l'essence d'une chose et la constitue dans sa spécificité irréductible, la distinguant de toute autre, constitue la pensée comme intellect et institue ce qui s'appellera dès lors la raison. Or l'expérience de la saisie de l'essence d'une chose implique nécessairement la réduction de l'expérience de cette chose dans toutes les modalités de son apparaître. Nietzsche écrit à propos de Socrate : «Le dialecticien frappe d'impuissance l'intellect de son adversaire[12].» Il paralyse en effet son adversaire, le laisse interdit. Mais est-ce bien son «intellect» qu'il paralyse ou frappe d'impuissance, n'est-ce pas plutôt son expérience sensible ou au mieux cette expérience disons «naturelle» du rapport aux choses qui consiste à les laisser apparaître et à s'apparaître à soi-même du même coup, en d'autres mots, l'expérience de la «pensée libre» qui laisse être les choses? Toute saisie de l'essence d'une chose à quoi se ramène finalement l'intellect brusque en effet le rapport libre de la pensée à l'apparaître des choses et en ce sens laisse interdit, mais fascine. Car autre chose apparaît en effet que l'interlocuteur ne soupçonnait pas, son regard se trouve renversé, en quelque sorte converti : tout ce à quoi sa pensée librement se rapportait, cette libre jouissance des apparences tant évoquée par Nietzsche qui y aspire, paraît découler d'autre chose, passé inaperçu au premier regard, qui l'informe de l'intérieur, le structure, distinguant dès lors nettement chaque chose d'une autre et instituant un ordre. *Comprendre* n'est rien d'autre que cette expérience qui consiste en effet, comme on dit, à *saisir*. Mais saisir, bien sûr, ce n'est pas *laisser être*. Ce n'est laisser être ni la chose, ni soi-même. Le libre jeu des apparences est interrompu au profit d'un recueillement. C'est ce recueillement qui est du même coup saisie, c'est-à-dire extraction.

Si ce recueillement implique bien de se détourner des choses dans leur apparaître, il implique aussi de façon plus immédiate de se détourner de telle apparence plus habituelle, plus coutumière, plus familière que telle chose a pu revêtir au fil du temps, c'est-à-dire de telle image à laquelle l'apparaître d'une chose en est venu à se réduire. C'est d'abord là que l'interlocuteur de Socrate se trouve atteint : une représentation familière de telle chose, mais aussi de tel comportement, en fonction duquel tel but avait fini par s'imposer comme «naturel», se trouve renversée et ce but semble dès lors s'être imposé à la faveur d'une illusion, c'est-à-dire d'une fixation sur tel mode d'apparaître d'une chose. Ainsi la connaissance intellectuelle, s'il est bien vrai qu'elle interrompe en quelque sorte le rapport à l'être même de la chose à travers son apparaître, brise aussi une représentation fixe à laquelle cet apparaître et cet être avaient fini par se réduire. Est-ce à dire que le rapport à l'être, s'il n'est pas interrompu, et en un sens frappé d'interdit, conduirait en fait au sens commun et ne ferait ainsi finalement que reconduire l'habitude et la coutume? Ou encore : le rapport à l'être ne se trouve-t-il pas en quelque sorte libéré, ou, si l'on veut, renvoyé à lui-même, du fait d'une intervention radicale qui extrait l'idée de l'image et dégage

l'essence de la chose? Certes, la chose est réduite, mais elle
l'est le temps de l'acte intellectuel en tant que tel. Qu'elle soit
réduite n'invalide pas l'acte intellectuel. Mais l'acte intellectuel ne saurait à lui seul résumer la pensée, pas plus que la
saisie intellectuelle d'une chose n'en épuise l'être.

Est-ce l'acte intellectuel qui réduit la chose à l'état d'objet
et qui, de la sorte, objective le réel, ou est-ce le rapport libre
de la pensée à l'apparaître de cette chose qui, à défaut d'une
intervention de l'intellect, laisserait cet apparaître se réduire à
l'une de ses apparences, qui, dès lors, passerait pour la chose
elle-même? Car, ne l'oublions pas, l'acte intellectuel extrait
l'essence de la chose, en dégage la structure et de la sorte met
en question toute image de cette chose : il implique donc un
détachement, un dégagement par rapport à toute représentation
de chose, par conséquent, par rapport à toute représentation
de celle-ci comme objet ou, si l'on veut, à toute réduction de
celle-ci à une représentation objective. Tel l'éclair, l'idée traverse la chose, la fend de l'intérieur et ne consent à aucune
complaisance de l'esprit à l'égard de l'une de ses images, ou
de l'un de ses modes d'apparition. Cette traversée de l'idée,
si elle réduit l'être de la chose, dissipant son obscurité essentielle au moyen d'une très vive lumière, la renvoie plus que
jamais à elle-même, épurée cependant de telle image avec
laquelle son apparaître avait pu être confondu. En d'autres
mots, cette irruption de lumière qui épure et dégage, ne supprime pas la nuit, mais au contraire, en protège l'obscurité, à
condition cependant que l'on sache résister à sa fascination.
Mais la fascination est-elle celle de l'idée elle-même ou d'une
représentation de celle-ci, c'est-à-dire d'une idée retombée,
en d'autres mots, d'une image? Lorsque Nietzsche écrit :
«L'équation "raison=vertu=bonheur" signifie seulement : il
faut faire comme Socrate, et, contre les nocturnes appétits,
instaurer une lumière perpétuelle : celle du grand jour de la
raison. Il faut être lucide, clair, lumineux à tout prix; toute
concession aux instincts, à l'inconscient, entraîne vers l'abîme...[13]», on retiendra d'abord qu'il s'en prend à l'instauration
d'une lumière *perpétuelle,* et à l'impératif d'une luminosité *à*

tout prix. Mais l'on peut se demander si la notion de la raison dont il use ne réfère pas à une représentation commune de celle-ci plutôt qu'à l'expérience même de l'idée en acte, en tant qu'elle s'instaure envers et contre tout consentement à une représentation commune. En d'autres mots, *est-on justifié de liquider le principe de raison* pour mettre en question une représentation commune de la raison qui fait l'économie de l'acte intellectuel en tant que tel comme expérience du surgissement de l'idée et instaure la tyrannie de cette lumière perpétuelle que prétend être le sens commun, constitué à partir d'idées toutes faites, c'est-à-dire d'idées générales? Et, par conséquent, *est-on justifié de liquider ce qui constitue la structure éthique de notre civilisation en invalidant ce que, dès l'abord, elle a institué comme valant le plus,* soit le recueillement de la pensée en elle-même propice au surgissement de l'idée et à l'avènement d'une lumière qui éclaire en dissipant la confusion de l'opinion commune?

2. Le grand renversement

C'est avec Nietzsche que se consomme la grande rupture : «Mais lorsque Zarathoustra fut seul, écrit-il, ainsi dit à son cœur : "Serait-ce donc possible? Ce saint vieillard en sa forêt, encore n'a pas ouï dire que Dieu est mort!"[14]» Il convient d'abord de s'arrêter à cette phrase, décisive dans toute l'œuvre de Nietzsche. Zarathoustra n'est pas tant celui qui, en tant que tel, proclame la mort de Dieu que celui qui rapporte la nouvelle de sa mort et qui la rapporte sur le mode d'un constat présenté comme déjà su et en ce sens incontournable. Zarathoustra fait le constat de cette mort. Ce constat porte sur l'état de la civilisation. Il signifie : ce principe, appelé Dieu, à partir duquel s'ordonnait cette civilisation, est mort. Il est mort, si l'on se reporte au texte du *Gai Savoir,* intitulé «L'insensé», faute de croyants : «Et comme là-bas se trouvaient précisément rassemblés beaucoup de ceux qui ne croyaient pas en Dieu...», y lit-on. En effet, si Dieu est mort, c'est que, comme le proclame l'insensé, «... nous l'avons tué, vous et moi! Nous sommes tous ses meurtriers!» Et, ce faisant, nous avons, pour reprendre les formules de ce texte, «vidé la mer», «effacé l'horizon», «désenchaîné la terre de son soleil[15]». Il est clair que ce soleil dont la terre s'est détachée, précipitant dès lors celle-ci «dans une chute continue», a quelque chose à voir avec cette «lumière perpétuelle : celle du grand jour de la raison» dont Nietzsche, dans le texte déjà cité du *Crépuscule des idoles*, attribuait à Socrate l'instauration, avec «cette vie lumineuse, froide, avisée, consciente, sans instincts, résistant aux instincts», ainsi qu'il la caractérisait. À cette lumière, les hommes ont cessé de croire, ils ont cessé d'aspirer à cet autre monde, à cette autre réalisation plus pure et plus lumineuse, à laquelle toutefois on n'accédait qu'au prix d'un détachement de la vie des sens, celle de l'imagination, du corps, qu'au prix même d'un renoncement à ce que, sous sa forme la plus immédiate, veut dire «exister» : «Enchaînée dans le corps, l'âme, dit Plotin, est obligée d'avoir recours aux sens, parce qu'elle ne peut d'abord faire usage de l'intelligence. Elle est ensevelie, comme on le dit, dans un tombeau, une caverne. Mais, par sa conversion vers la pensée, elle brise les chaînes et remonte aux régions supérieures[16].» Que Dieu soit mort signifierait donc que les hommes auraient cessé de rechercher «cette conversion vers la pensée» et cette accession aux «régions supérieures», évoquées par Plotin, à la suite de Platon et de saint Augustin. Il est donc question de tout autre chose que d'une simple déclaration d'incroyance au Dieu chrétien. L'annonce de la «mort de Dieu» est celle de l'effondrement des «régions supérieures» d'où l'existence humaine, dans notre civilisation, tirait tout son sens, à partir desquelles l'exister acquérait une valeur. Ainsi s'effondrerait le principe même de valorisation de l'existence qui est au fondement de notre civilisation. Dès lors, si le constat de Zarathoustra-Nietzsche est juste, au moment où il le formule, en cette fin du XIXe siècle européen, il signifie la rupture la plus radicale qui soit pensable au sein d'une civilisation : *l'effondrement de son principe comme conséquence d'une incroyance généralisée à son égard.* Principe de valorisation de l'existence, principe éthique donc, source de normativité et de loi. Ainsi, au chevet du cadavre de cet homme qui fut funambule, Zarathoustra dira-t-il à son cœur : «Déconcertante est l'existence humaine, et toujours encore privée de sens : un simple pantin peut en devenir la destinée[17].» «Déconcertante», en effet, *«unheimlich»*, dans le texte allemand, inquiétante, étrange, devient cette existence, ce *«Dasein»*, pour reprendre le terme même de Nietzsche. En effet, n'est-il pas devenu étrange d'exister dans une civilisation dépourvue de principe et de normativité, «privée de sens» par conséquent? Et l'homme ne se trouve-t-il pas dès lors renvoyé à ce drôle de sentiment d'être là, sans cause ni raison, d'être jeté là, livré à son pur «exister», à un «à-venir» que ne soutient plus aucun passé?

Pourquoi Dieu est-il mort? Parce que nous l'avons tué, fait répondre Nietzsche à l'insensé. Mais pourquoi l'avons-nous tué? Et pourquoi avons-nous cessé d'y croire et, en même temps qu'à lui à ces «régions supérieures» qu'il habitait? Nietzsche écrit dans *Crépuscule des idoles* : «Les signes distinctifs que l'on attribue à l'"être-vrai" des choses sont les signes distinctifs du non-être, du néant — on a édifié le "monde vrai" en prenant le contre-pied du monde réel : c'est en fait un monde d'apparence, dans la mesure où c'est une illusion d'optique et de morale.» Et il ajoute : «Fabuler d'un autre monde que le nôtre n'a aucun sens, à moins de supposer qu'un instinct de dénigrement et de suspicion à l'encontre de la vie ne l'emporte en nous[18].» Ainsi, nous avons cessé de croire en ces «régions supérieures», à les croire vraies, et à y chercher le principe même de valorisation de notre existence parce qu'elles se sont avérées illusoires. Illusion d'optique en ceci que l'œil s'est plu à ne retenir, comme l'écrit Nietzsche dans *Le Livre du philosophe,* que «les grands traits de l'image du miroir», au service d'une «force d'art», pour reprendre ses termes, dont le moyen principal est «d'omettre, de ne pas voir et de ne pas entendre[19]». Nous avons supprimé l'imprécision de la vue et celle, plus grande encore, comme déjà le faisait remarquer Socrate, de l'ouïe et des autres sens, toucher et odorat. Cette illusion d'optique est devenue une illusion morale en ceci que nous avons voulu la croire vraie, supérieure à toutes les autres illusions des sens. Mais elle-même, fait remarquer Nietzsche, était une illusion. L'idée, le concept ne seraient ainsi que les effets d'un privilège exorbitant accordé à la vue, et encore, à ce qui, dans la vue, ne retient que les grands traits. L'idée n'est ainsi qu'une image dont le seul privilège reposerait sur la force ou la volonté qui la valorise au détriment des autres images : et encore s'agirait-il de l'image la plus terne, la plus plate, la plus désintensifiée, la plus vide, puisqu'elle supprime tout ce foisonnement de petites différences qui fait la richesse de toute sensation et des images qui en sont issues. Dès lors, comment l'entendement, expression de cette force qui ne retient que les grands traits et passe sans plus d'égards pour le particulier d'un seul bond à la généralité, pourrait-il prétendre atteindre «la chose même», nous en faire saisir l'essence, et de la sorte nous faire accéder à une connaissance d'un ordre plus décisif, à la connaissance de ce qui serait «la vraie réalité»? «Notre entendement, écrit Nietzsche en effet dans l'un de ces tout premiers écrits, est une force de surface, il est superficiel. C'est ce qu'on appelle aussi "subjectif". Il connaît au moyen de concepts : notre penser est un classer, un nommer, donc quelque chose qui revient à l'arbitraire humain et n'atteint pas la chose même[20].» Ainsi, c'est dans la mesure où cette force qui prétendait nous livrer l'essence des choses s'est avérée une force superficielle, et qu'elle s'est avérée telle, peut-on supposer, en ceci que l'autre monde vers lequel elle prétendait nous tourner est de plus en plus apparu sans rapport avec celui dont l'homme, dans son «exister» le plus empirique, faisait l'expérience, qu'une incroyance généralisée s'est développée quant aux pouvoirs réels de cette force de dévoiler ce qui est, et par conséquent, quant au pouvoir auquel elle prétendait de régir et de gouverner l'exister au moyen de normes. Aussi est-ce dans cette absence de rapports de plus en plus devenue manifeste entre l'au-delà et l'en-deçà qu'il faut chercher la cause de la désaffection généralisée à l'égard de l'autre monde et de tout ce qu'il représentait. Or il faut ici souligner à quel point, dans l'esprit de Nietzsche, apparaissent solidaires et indissociables la figure du Dieu chrétien et le monde platonicien des idées, c'est-à-dire aussi bien le Dieu-Personne du christianisme que le principe de raison tel qu'instauré par Socrate à l'aube de notre civilisation : les deux se trouvent associés dans l'imposition d'une même normativité qui comprend aussi bien l'idéal ascétique du christianisme que l'idéal scientifique issu du platonisme qui vise à atteindre les essences des choses et à expliquer les phénomènes par leurs causes. Or ce monde normatif, ce monde idéal a cessé d'être agissant, «cause efficiente», comme on disait, de celui-ci. Parlant de ceux qu'il appelle «les derniers métaphysiciens», Nietzsche écrira : «Leur dogme est que notre monde n'étant visiblement pas l'expression de cet idéal n'est en effet pas "vrai" et dans le fond il ne ramène seulement pas à ce monde métaphysique en tant que cause. Il est impossible que l'inconditionné, pour autant qu'il est cette suprême perfection, puisse jamais constituer le fondement de tout ce qui est conditionné[21].» Le terme alors n'est-il pas atteint : la non-vérité de *ce* monde est telle qu'elle ne peut même plus renvoyer à l'autre monde, en tant qu'il serait sa cause. Si le conditionné ne ramène plus à ce qui le conditionne, si le causé ne ramène plus à ce qui le cause, qu'en est-il de la réalité, de l'«efficience» de cette causalité? Et qu'en est-il de cette dualité des mondes? Ainsi l'autre monde, se trouvant de plus en plus exilé de la réalité de celui-ci, a perdu toute réalité, et par conséquent, toute légitimité à le fonder.

Mais il est à se demander si l'association, pour ne pas dire l'amalgame, pratiquée par Nietzsche entre l'idéal ascétique du christianisme et l'expérience de la pensée, telle que comprise chez Platon, comme accession au monde de l'Idée, ne l'est pas de manière à justifier l'accusation de fétichisme et d'anthropomorphisme que lance Nietzsche à toute la tradition philosophique occidentale. En effet, si l'expérience du rapport à l'idée est associée et finalement réduite à l'expérience que le croyant chrétien veut faire de la volonté de Dieu, n'est-on pas amené à mettre en question l'efficience de l'une — de la volonté — pour mieux mettre en question l'efficience de l'autre — celle de l'idée — qui pourtant ne s'y réduirait pas si aisément, de manière à faire apparaître du même coup le caractère inopérant de l'une *et* de l'autre par rapport à un monde empirique en devenir qui leur échapperait sans cesse? De même, l'expérience individuelle, dans sa réalité effective, tant au regard de cette volonté normative, de cette Providence qu'on appelle Dieu qu'au regard de la raison, apparaîtra comme se développant et suivant son cours de telle façon qu'elle échappe du même coup à l'une *et* à l'autre. Nietzsche, en effet, parle bien de «cette métaphysique du langage, ou, plus clairement, de la raison», qui «ne voit partout qu'actions et êtres agissants», qui «croit au "moi", au "moi" en tant qu'Être, au "moi" en tant que "substance"» et qui «projette sur tous les objets sa foi en la substance du moi[22]». Ce que Nietzsche met ici sur le compte d'une «métaphysique de la raison» relève certes plus nettement de cette conception chrétienne d'un Dieu-Personne doté d'une Volonté, appelée aussi Providence, qui, de l'extérieur, prétend régir à son gré hommes et phénomènes, que d'une expérience intérieure de l'idée. Car c'est nettement cette conception chrétienne qui peut être dite «fétichiste» ou anthropomorphique. Or c'est précisément cette «conscience globale» que Nietzsche met en cause et qu'il caractérise comme étant propre *à la fois* au christianisme et au rationalisme. Ainsi écrit-il dans les fragments posthumes de la *Volonté de puissance* : «La faute fondamentale consiste toujours en ceci, qu'au lieu de comprendre l'état conscient en tant qu'instrument et singularité de la vie dans son ensemble, nous le posons en tant que *criterium*, en tant que l'état de valeur suprême de la vie, perspective fautive de l'*a parte ad totum*, au gré de laquelle tous les philosophes tendent instinctivement à imaginer une conscience totale, une façon de participer à la vie et au vouloir de tout ce qui arrive, un "esprit", "Dieu"[23].» C'est évidemment une telle conception, comme il le souligne par la suite, qui a pour effet d'enlever toute sa valeur à l'existence. Ce moi global, posé comme extérieur à la réalité effective, laquelle, dès lors, se trouve vouée à n'être rien par elle-même, à ne jamais pouvoir être comprise pour et par elle-même, soumise à un impératif injustifiable et à des décrets inexplicables, n'est-il pas ce qui proprement est mort?

Et avec lui, ce qui est mort, n'est-ce pas toute une conception volontariste de la normativité qui, en effet, a succombé à l'épreuve du devenir effectif de la réalité, qui, de toutes parts, lui échappe, lui infligeant démenti sur démenti? Dès lors, la question que l'on doit se poser n'est-elle pas celle-ci : est-ce que le *principe de raison,* tel qu'instauré par Socrate et Platon, mais aussi tel que repris au début des temps modernes par Descartes et Spinoza, se ramène à cette représentation d'une Conscience transcendante, s'exprimant à travers une normativité toute extérieure et prétendant, à partir de celle-ci, commander à la réalité effective, qu'il s'agisse de celle de la Nature ou de celle de l'existence humaine? Et la source de son efficience ne se trouve-t-elle que dans la force ou la puissance qui nous fait croire d'emblée plus aisément aux «grands traits» ou, si l'on préfère, aux idées générales qu'à ce qui serait plus subtil et différencié? De la réponse à cette question découlera pour nous la possibilité d'évaluer si le fondement même de notre civilisation, son principe suprême de valorisation de l'existence, s'est effectivement effondré, justifiant dès lors la nécessité de recommencer tout autrement, ou si ce ne serait pas une certaine *représentation* de ce principe qui se serait effondrée, rendant possible désormais la saisie de celui-ci en son essence et permettant d'en dégager toute la portée proprement éthique?

3. Le ressaisissement

Heidegger, tentant d'indiquer le sens de sa propre entreprise, écrit dans son ouvrage *Concepts fondamentaux* : «De ce fait, ce serait penser à la hâte que d'identifier le "fondement" à une "cause" de tout, puis d'interpréter cette cause, de surcroît, comme Cause première au sens du Créateur, d'après la doctrine biblique et la dogmatique chrétienne. Une opinion tout aussi expéditive serait de croire qu'avec ces "concepts" il s'agit simplement de représenter le fondement, alors que la pensée se dégage bien plutôt ici de toute conception pour atteindre la manière même dont le fondement nous comprend dans son essence, et non la manière dont nous nous contentons de viser le fondement, par exemple, comme "objet", en vue de l'utiliser pour une "explication du monde"[24].» *L'Éthique* de Spinoza s'ouvre sur la définition de «cause de soi» qui s'énonce ainsi : «Par cause de soi, j'entends ce dont l'essence enveloppe l'existence, autrement dit, ce dont la nature ne peut se concevoir qu'existante[25].» D'où vient une telle définition? Il s'agit d'une idée claire et distincte, issue de ce qu'il appelle la «puissance native» de l'intellect, qu'il explique en ces

termes : «Par puissance native j'entends ce qui n'est pas causé
en nous par des causes extérieures.» Car, dira-t-il, une idée
nous est donnée. Et il rendra compte de sa méthode en ces
termes : «De là ressort que la méthode n'est pas autre chose
que la connaissance réflexive ou l'idée de l'idée; et, n'y ayant
pas d'idée d'une idée, si l'idée n'est donnée d'abord, il n'y
aura donc point de méthode si une idée n'est donnée d'abord.
La bonne méthode est donc celle qui montre comment l'esprit
doit être dirigé selon la norme de l'idée vraie donnée.» Il s'en-
suivra, comme il l'écrit encore, que «la connaissance réflexive
s'appliquant à l'idée de l'Être le plus parfait l'emporte sur la
connaissance réflexive des autres idées; la méthode la plus
parfaite sera donc celle qui montre, selon la norme de l'idée
donnée de l'Être le plus parfait, comment l'esprit doit être
dirigé[26].» Or cette idée de l'Être le plus parfait, qu'il appellera
Dieu, sera déduite de la définition de «cause de soi». C'est
toutefois la sixième définition de la première partie de *L'Éthique,* qui vient à la suite des définitions de la chose finie, de
la substance, de l'attribut et du mode, et qui s'énonce ainsi :
«Par Dieu, j'entends un étant absolument infini, c'est-à-dire
une substance consistant en une infinité d'attributs, dont chacun exprime une essence éternelle et infinie[27].» Pour celui qui
entre dans *L'Éthique,* l'effet de ces premières définitions est
foudroyant. Leur degré d'abstraction est tel qu'il défie toute
représentation de l'esprit et fait violence à toute expérience
sensible; il fait violence au rapport «naturel» que chacun
entretient à ce qui est, qu'il s'agisse du rapport le plus quoti-
dien marqué par la banalisation ou de l'expérience la plus
profonde de l'Être, telle qu'elle peut s'offrir dans un état
d'angoisse. *Cette violence est celle d'un saisissement, ou d'une
saisie.* Or il n'y a pas de saisissement sans dessaisissement.
Le lecteur qui entre dans *L'Éthique* se trouve dessaisi de sa
faculté de représentation, de ce que Spinoza appelle son imagination. Plus profondément encore, il est dessaisi de toute
forme d'«abandon» à l'Être, de tout état d'écoute de ce qui
est, de toute recherche intérieure patiente qui fait son chemin
lentement, dans le temps, au sens où Nietzsche écrit dans *Ainsi*

parlait Zarathoustra : «Le soi cherche avec les yeux du sens; avec les oreilles de l'esprit il épie également. Toujours épie le soi et cherche...[28]». Car ce qui ainsi fraie sa voie avec le temps, dans le silence et l'obscurité, se trouve dans un état d'ouverture à ce qui vient ou peut venir. Il s'attend à «quelque chose» qu'il ne saurait identifier ni définir, mais qui l'habite et le hante. Ce n'est pas tant l'idée qui le guide, si tant est qu'il soit guidé, mais, en réalité il l'est quoique très faiblement, que ce qu'il faudrait appeler, avec Heidegger, le «pressentiment». «"Ahnen" (pressentir), écrit Heidegger, signifie saisir quelque chose qui vient sur nous, dont la venue est depuis longtemps imminente, à ceci près que nous ne nous en apercevons pas.» Le pressentiment signifie ici ce niveau indigent, antérieur au vrai savoir», écrit-il aussi, ajoutant : «L'emploi originel du mot "Ahnen" (pressentir) est impersonnel : "es anet mir", ou même "es anet mich" : Quelque chose m'arrive, quelque chose me prend. Le pressentir véritable, c'est la façon dont quelque chose d'essentiel nous arrive, et ainsi se donne à notre attention pour que nous l'y gardions[29].» Pressentir : sentir ce qui vient vers moi, faire l'expérience de ce qui m'arrive, de ce qui me prend. Le pressentiment exprime donc à la fois un état d'ouverture, d'écoute, d'attente, c'est-à-dire une modalité d'être essentiellement passive. Il y est renoncé à tout recours à ce que l'on pourrait indifféremment appeler volonté, conscience, raison. Il y est totalement fait confiance à cet «inconnu montreur de route» dont parle Nietzsche à propos de ce qu'il appelle «soi». À celui qui cherche ainsi, guidé par ce qu'il pressent dans le silence et la nuit, l'entrée dans *L'Éthique* produit l'effet d'une extrême violence. Qu'y a-t-il encore à chercher si, dès l'abord, «l'idée vraie est donnée», comme dit Spinoza? C'est dans ce qu'elle a d'obscur et de patient que cette recherche se trouve violentée. La lumière est si vive en effet et la saisie si immédiate que tout questionnement s'en trouve interrompu, court-circuité. En réalité, le dessaisissement le plus violent qui se produit à la faveur de cette saisie est celui qui atteint la recherche en ce qu'elle a de patient, c'est-à-dire en ce qu'elle chemine avec le temps. Il y a dessaisissement du rapport intérieur au temps au profit d'une saisie qui recueille tout dans l'immédiateté d'un instant.

Qu'en est-il de cette saisie? Certes, il s'agit bien d'une sorte de recueillement instantané qui produit un effet intérieur d'illumination. Cet effet est l'expression d'une très vive intensité. Il s'agit donc d'un instant d'une si extrême intensité qu'en son surgissement il interrompt la recherche en sa patience et l'immobilise en une saisie : «ça y est», «j'ai compris», «je comprends», ou encore «je sais», pourra-t-on dire par la suite. Est-ce à dire que ce qui s'est produit là n'a de réalité que «par la suite», qu'«après coup»? Certes non, c'est cette conscience après coup qui n'a de réalité qu'en rapport avec ce qui s'est produit à ce moment-là, mais en tant qu'elle n'exprime plus qu'une réalité déjà retombée, obscurcie, bref désintensifiée. C'est bien là ce que l'on appelle la conscience, qui vient toujours après, après coup. *Mais le moment du surgissement de la lumière y est irréductible* : il ne s'est alors exprimé en aucun «je comprends», ni d'ailleurs en aucun mot, en aucune parole. En aucune image, non plus, en aucune représentation. Toutefois, non seulement peut-on dire qu'il s'est exprimé, mais il fut pure expression. Dans l'explication qu'il donne de la définition de l'idée, Spinoza écrira : «Je dis concept plutôt que perception, parce que le nom de perception semble indiquer que l'Esprit pâtit d'un objet, alors que concept semble exprimer une action de l'Esprit[30].» Le surgissement de l'idée, qui est, dira Spinoza, l'acte même de comprendre, introduit plus qu'un écart par rapport à la représentation : une véritable rupture. D'où l'effet de violence. En ce sens, il dessaisit certes, mais plus justement, il arrache, il déracine. *Aussi n'est-il pas tant expérience de ce qui vient vers soi, de ce qui fond sur soi que de ce qui advient à soi.* S'il y a dessaisissement par rapport à la représentation et à la conscience, et si, du sein de ce dessaisissement, tout objet fait défaut, ce n'est pas en tant que l'on s'ouvre, que l'on se rend disponible à ce qui peut venir, au possible, du sein d'une passivité essentielle, qu'en tant que l'on est saisi. *Cette saisie est en réalité ressaisissement.* Et il y a ressaisissement, en tant qu'avènement de l'Être à l'idée, comme pensée qui surgit et s'impose. Ce n'est donc pas le moi qui, dans l'acte de comprendre en tant que surgissement de l'idée, se ressaisit, ou, comme on dirait, se retrouve, *c'est l'être intime qui s'ajuste à lui-même, envers et contre la conscience, malgré elle.* Ainsi, ce que l'on appelle saisir, c'est se ressaisir. Se ressaisir, c'est s'ajuster à soi. Le moment de ce ressaisissement et de cet ajustement est l'acte même de comprendre, comme surgissement de l'idée. On comprendra dès lors que la première définition sur laquelle s'ouvre *L'Éthique* soit celle de «cause de soi», car «ce dont l'essence enveloppe l'existence» est précisément ce qui, par excellence, s'ajuste à soi, se ressaisit totalement, se comprend adéquatement par soi-même; et que cette définition conduise à celle de Dieu, lequel n'est donc «donné» que dans la mesure où se trouve donnée à la pensée l'idée de ce qui, absolument, s'ajuste à soi. Aussi Spinoza pourra-t-il parvenir à démontrer que ce qui, ainsi, absolument, s'ajuste à soi, ne saurait en aucun sens être réduit à une représentation. Toute représentation de la conscience n'est en effet que l'expression d'un désajustement par rapport à ce qui est, propre à tout être fini en tant qu'il ne peut se saisir lui-même adéquatement que par instants, lorsqu'il est visité par l'idée et se trouve alors en quelque sorte à se considérer «du point de vue de Dieu».

S'il est bien donné à l'être humain, en tant qu'il pense, de faire l'expérience de ce ressaisissement, on comprendra que l'idée de l'Être le plus parfait puisse lui être donnée, mais aussi qu'à cette idée de la perfection aucune manifestation de la réalité ne puisse échapper. «Par réalité et perfection, j'entends la même chose», écrira en effet Spinoza. Dès lors, il ne saurait exister deux réalités, l'une qui serait parfaite, et l'autre, imparfaite, l'une, éternelle, l'autre, périssable ou changeante. En effet, comment dire d'une chose à laquelle échappe tout un niveau de réalité qu'elle soit parfaite? N'est-ce pas ruiner l'idée de perfection que de l'attribuer à un Être dans la définition duquel il est compris que quelque chose lui manque ou lui échappe? Et combler, par la suite, artificiellement, ce manque, en lui supposant une Volonté libre dont on aura beau jeu de démontrer que, dans son indétermination essentielle, elle ne fait qu'accroître l'imperfection de l'Être auquel on l'attribue. Si, en tant qu'êtres humains, nous faisons bien l'expérience de deux manifestations de la réalité, l'une que l'on dira intellectuelle ou spirituelle et qui se révèle à nous en tant que nous pensons, et l'autre que l'on dira physique ou matérielle, qui se révèle à nous en tant que nous sentons et ressentons; si, de plus, il nous arrive de faire l'expérience de ce que nous nous ressaisissons, nous nous «reprenons», dans ces moments où, à la faveur d'un relatif équilibre de nos passions, nous parvenons à nous recueillir, à nous condenser en nous-mêmes, comment l'idée d'une chose adéquate à elle-même ne nous viendrait-elle pas, et comment, du même coup, ne nous viendrait pas l'idée de l'unité essentielle de ces deux manifestations de la réalité dont nous faisons l'expérience? Comment, dès lors, l'idée de Perfection pourrait-elle ne pas comprendre en elle-même toutes les manifestations de la réalité, qu'elles soient intellectuelles, matérielles, ou d'une tout autre nature dont nous ne faisons pas l'expérience? Ainsi n'y a-t-il pas deux mondes, dont l'un serait parfait et l'autre imparfait, mais un seul qui est parfait et qui comprend toutes les manifestations de la réalité. Par conséquent, le problème de l'explication de l'un par l'autre ne se pose plus, non tant que l'autre, l'ici-bas, échappe à toute explication, comme en viennent à le dire Nietzsche et Heidegger, mais en tant plutôt que ce qui est s'auto-explique.

Si, en effet, l'on suppose deux mondes dont l'un est dit parfait et l'autre imparfait et que l'un conditionne l'autre, ou bien l'on enlève de sa réalité au premier en posant ainsi que l'autre lui échappe, ou bien l'on enlève sa réalité au second, en le faisant dépendre du premier. Tel est le problème issu de la tradition platonicienne auquel se confrontent aussi bien Spinoza que Nietzsche. Convaincu qu'il est possible à l'homme de comprendre, et que comprendre correspond à l'expérience d'une adéquation ou d'un ajustement de l'Être à lui-même, Spinoza en déduit que le plus parfait est le plus réel. Convaincu que l'homme ne parvient jamais à saisir l'essence des choses, que l'Être échappe à toute compréhension, Nietzsche en déduit que le plus imparfait est le plus réel. C'est dire que l'hypothèse d'un monde plus parfait qui conditionnerait un monde imparfait, soit l'hypothèse dualiste issue de Platon, est impossible à soutenir sans recourir à des représentations anthropomorphiques. En conséquence, ou bien l'on fait violence aux représentations de la conscience du point de vue de l'idée de l'Être le plus parfait conçue dans sa radicalité, ou bien l'on ébranle ces représentations du point de vue de l'expérience de l'imperfection de l'Être, de son inachèvement, c'est-à-dire du devenir. L'Être se dérobe-t-il à l'Idée, ou, au contraire, l'Idée permet-elle d'y accéder? Est-il possible à l'homme de se ressaisir au plus intime de lui-même ou se trouve-t-il voué à toujours manquer à lui-même? L'homme peut-il parvenir à comprendre, quitte à repenser radicalement ce qu'il faut entendre par compréhension et raison? Ou l'homme doit-il entreprendre plutôt de s'éloigner du comprendre et de la raison, pour réapprendre à penser, dans le sens où Heidegger écrit : «Et la pensée ne commencera que lorsque nous aurons appris que cette chose tant magnifiée depuis des siècles, la Raison, est la contradiction la plus acharnée de la pensée[31]»? Dans le premier cas, le problème éthique peut encore se poser, quoique d'une tout autre façon; dans le second, ne se trouve-t-il pas indéfiniment ajourné?

4. La loi

«Rien ne s'arrête pour nous, écrit Pascal dans ses *Pen-sées*. C'est l'état qui nous est naturel, et toutefois le plus contraire à notre inclination; nous brûlons du désir de trouver une assiette ferme, et une dernière base constante pour y édifier une tour qui s'élève à l'infini; mais tout notre fondement craque, et la terre s'ouvre jusqu'aux abîmes. Ne cherchons donc point d'assurance et de fermeté. Notre raison est toujours déçue par l'inconstance des apparences; rien ne peut fixer le fini entre les deux infinis, qui l'enferment et le fuient[32].» Si exister signifie faire l'expérience du multiple et du devenir, et ainsi de ce qui, sans cesse, échappe aux représentations de la conscience et n'a de cesse de les ébranler, si donc exister implique la perte toujours recommencée de toute assurance, sommes-nous voués à nous tenir en cet écart, soit pour nous en remettre à cet infini qui sauve et à sa grâce, selon Pascal, soit pour y trouver ce lieu qui n'en est pas un, à l'abri duquel il soit possible à l'homme d'entrer en rapport avec ce que veut dire penser? Ou est-ce que, du sein de cette expérience angoissante de l'effondrement du monde qu'évoque Pascal et dans laquelle Heidegger verra l'expérience qui, par excellence, ouvre à celle de l'Être, l'être humain disposerait, au fond de lui-même, d'une assurance, indéfectible en dépit de tout, de parvenir à se ressaisir, à s'ajuster à lui-même? Si nous récusons, pour cause d'anthropomorphisme et en raison de son caractère réellement inopérant, le recours à toute normativité extérieure comme à toute divinité personnelle qui sauve, est-il possible de trouver en soi une source de normativité, c'est-à-dire de loi, qui puisse s'entendre en un sens différent? Peut-on, de l'intérieur de l'expérience du multiple, trouver une direction et un rapport à l'unité? C'est de la réponse à ces questions que nous paraît découler la possibilité même de l'éthique à notre époque.

Il est plusieurs passages de Nietzsche lui-même qui peuvent nous mettre sur la voie d'une réponse. Ainsi formule-t-il dans le *Zarathoustra* sa conception du corps. «Le corps est une grande raison, une pluralité avec un sens unique, une guerre et une paix, un troupeau et un pasteur[33].» Si le corps est constitué d'une multiplicité de passions, ces «chiens sauvages» qui sont «dans ta cave», comme il dira, la possibilité d'une unité issue de ces passions souvent contraires ne s'en trouve pas moins affirmée. «Pluralité avec un sens unique», écrit-il; «au cœur de tes passions tu mis ta fin suprême[34]», écrit-il encore. Si l'expérience de la passion est bien celle de ce qui sans cesse échappe à toute représentation de la conscience, expérience d'une perte en ce sens, du sein de laquelle l'individu fait l'épreuve du caractère périlleux, mortel pour tout dire, de l'existence, n'en subsiste pas moins la possibilité d'un but, c'est-à-dire d'une direction, d'une orientation finalisée. Quelle est la nature de cette finalité? Où précisément la chercher? Et comment parvient-elle à s'imposer? Il faut d'abord apprendre à écouter et à chercher : «Toujours épie le soi et cherche : il confronte, réduit, conquiert, détruit[35]», écrit Nietzsche : de l'intérieur même de ce qui t'échappe et te tire dans un sens et dans l'autre, une écoute et une recherche sont à l'œuvre, recherche qui, en deçà de la conscience et malgré elle, est estimation, évaluation. Recherche qui se fait dans et avec le temps, qui ne présume ni ne saurait décider de l'issue, qui reste inconnue. Si donc il est question de but, c'est en un sens qui échappe à toute représentation. Le but est inconnu, et, à la lettre, invisible. Il ne s'en imposera pas moins, et d'autant, peut-on dire, que, précisément, il sera resté invisible. «Mieux vaudrait dire, écrit Nietzsche : est ineffable et sans nom ce qui de mon âme fait le tourment et la douceur, et qui est encore aussi la faim de mes entrailles[36].» Si le but n'est pas vu, ni même entrevu, s'il se soustrait à toute nomination, il n'en est pas moins pressenti. Heidegger écrit dans *Concepts fondamentaux* : «Le terme *Ahnen* est là pour nous faire signe en une direction, celle de méditer que ce qui doit être ici porté au savoir ne se laisse pas instituer à partir de l'homme, en vertu de son simple bon vouloir. *Ahnen* signifie saisir quelque chose qui vient sur nous, dont la venue est depuis longtemps imminente, à ceci près que nous ne nous en apercevons pas...[37]». Nietzsche écrit de son côté dans *Le Livre du philosophe* : «Un savant génial est-il conduit par un pressentiment juste? Oui, il voit précisément des possibilités sans appuis suffisants : mais sa génialité se montre du fait qu'il tient une telle chose pour possible. Il suppute très rapidement ce qu'il peut à peu près démontrer[38].» Qu'est-ce que *cela,* ce *quelque chose* qui vient sur nous et s'offre comme possible, à l'exclusion d'autre chose, doit-on supposer, et plutôt que rien? Qui s'offre à qui sait attendre et chercher certes, mais qu'il peut *supputer* et même *saisir.* «C'est lentement que tous les puits profonds vivent leur expérience, écrit Nietzsche dans le *Zarathoustra,* longtemps leur faut attendre pour savoir *ce qui* au fond d'eux est tombé[39].» De l'intérieur de la multiplicité des passions, à qui sait écouter et chercher, un savoir est possible, une saisie; cela, et non pas rien, se laisse connaître, qui, toutefois, ne se laisse pas instituer en vertu de ce que Heidegger appelle le «bon vouloir» de l'homme et passe d'abord inaperçu. Un cela qui échappe et qui insiste d'autant plus qu'il échappe, invisible, inutile, mais néanmoins quelque chose, ainsi que l'or, dira Nietzsche : «Comment se peut-il faire, interroge-t-il par la bouche de Zarathoustra, que l'or soit devenu la suprême valeur? Pour ce qu'il n'est commun ni utile et qu'il brille et qu'il est doux en sa luisance : toujours il se prodigue[40].» Ce n'est pas qu'en lui-même il vaille, car il n'est, selon les termes de Nietzsche, qu'«image seulement de la vertu suprême», il n'exprime pas, il fait signe, ainsi que les noms du bien et du mal. Il brille d'une lumière qui échappe à la conscience, toute occupée d'elle-même et de ses images qu'elle prend pour des valeurs, une lumière insistante et douce qui, pour la conscience, n'est d'abord qu'obscurité. Saint Jean de la Croix parle de cette «lumière spirituelle» dont il dit qu'elle est «très simple et très pure»; «elle porte un caractère général, écrit-il, d'après lequel elle n'est affectée ni restreinte à aucun objet intelligible particulier, soit naturel soit divin, car elle tient les puissances de l'âme dépouillées et vides de toutes ces connaissances[41]». Ainsi est-il une autre lumière que celle qui est *d'abord* donnée, et par laquelle tout semble offert à la représentation. Or cette lumière ne s'arrête pas aux objets intelligibles et ne saurait elle-même être l'objet d'aucune démonstration. Elle se révèle à qui consent à se dépouiller de toutes ces «puissances de l'âme» dont parle saint Jean de la Croix. Si c'est au pressentiment qu'il revient de la soupçonner, d'en révéler l'insistance, avant toute saisie, celle-ci n'en n'advient pas moins, ne s'en impose pas moins d'une façon tout à fait incontournable. Il est des heures, en effet, comme l'écrit Nietzsche où «c'est en images que veut parler votre esprit», «là est la source de votre vertu, ajoute-t-il, là votre corps est exhaussé et ressuscité; de sa joie il ravit l'esprit pour qu'il devienne celui qui crée et qui estime et qui aime et de toutes choses est bienfaiteur[42]». En ces heures particulières, veut parler, s'exprimer votre esprit, «là est la source de votre vertu». Il est donc des moments, du sein de votre attente, où l'esprit veut s'exprimer, et c'est de ce côté que se trouve la source de ce qui, pour vous, deviendra vertu ou valeur. Dans ces moments, votre corps se trouve «exhaussé», «ressuscité», et il «ravit» votre esprit. Ainsi, ces moments où l'esprit veut s'exprimer sont des moments où il est dessaisi de lui-même, ravi, en même temps que le corps se trouve exhaussé, enthousiasmé. Si votre esprit «veut parler», veut s'exprimer, ce n'est certes pas au sens où l'étant déjà donné et représenté serait exprimé, bien au contraire, ce qui, «en ces heures», est exprimé et exhausse le corps, c'est cela même qui, incontournablement, envers et contre toute représentation, *s'impose comme nécessité, tournant inévitable.* «Quand d'un vouloir unique, ajoute Nietzsche, vous êtes ceux qui veulent et que ce tournant de tout besoin s'appelle votre nécessité : là est la source de votre vertu[43].» Ce tournant de tout besoin qui s'appelle votre nécessité est la source de votre vertu, et l'expression de cette nécessité donne à cette source sa voix. Dès lors, ce qui ainsi s'exprime et s'affirme est «neuve vertu», nouvelle valeur. Il est donc du même coup institution. Comme cette institution est expression d'une nécessité incontournable, elle s'impose irréductiblement, elle est donc loi et norme. La loi est donc non ce qui, avant toute expression, se proclame et s'énonce, mais bien au contraire, ce qui n'a de cesse d'être exprimé en ces moments où «l'esprit veut parler en images», sous l'empire d'une nécessité à laquelle il ne peut se dérober. La loi est précisément *la saisie de cette nécessité* en ce qu'elle institue, saisie donc de ce qui s'exprime. C'est en ce sens qu'elle ne peut jamais une fois pour toutes s'énoncer, mais n'a de cesse de s'imposer.

Or l'expression de cette nécessité, en tant qu'elle institue ce qui vaut, fait violence à ce qui, obscurément, pressentait. L'expression, en tant qu'elle est avènement, surgissement, dans ce qu'elle a d'irréductible, surprend ce qui, jusque-là, en était resté à pressentir. La conscience n'est pas seule surprise, mais l'est aussi l'écoute patiente de ce qui est : si la conscience est surprise en ce qu'elle est renversée et démontée, l'écoute de l'Être l'est en sa réticence essentielle à affirmer, à exprimer et à agir. En ce sens, il est une méditation de l'écart et de ce qui diffère qui en vient à s'écouter elle-même, dans son refus de toute affirmation et de toute action. «Hélas! écrit Nietzsche, toujours tant de vertu s'est en vol égarée[44]!» De crainte que ce qui, du sein de ce qui s'exprime, s'institue, n'en vienne à éterniser cette institution, instaurant de la sorte un nouvel arrière-monde, on se retient de prendre acte de ce qui, néanmoins, s'est affirmé. De crainte de brusquer le pressentiment de ce qui vient vers nous, l'on se refuse d'admettre ce qui advient, *et que l'advenue de ce qui advient, en ce qu'elle a d'irréductible, est en elle-même loi et norme,* en un sens qui déjoue la représentation habituelle de ces notions. S'il est une nécessité, qu'elle s'exprime, cette expression est indissociablement saisie. En ce qu'elle est saisie, elle est saisissement et ressaisissement. Ainsi, du sein même de l'expérience de l'effondrement du monde et de l'ouverture de l'abîme, du sein de l'expérience de la perte et du dessaisissement, autre chose surgit, une nouvelle adéquation advient entre le corps exhaussé et l'esprit ravi qui est en elle-même affirmation et institution : affirmation de la nécessité en ce qu'elle est une en son caractère incontournable et irréductible mais multiple en ses expressions. La saisie de cette adéquation qui s'affirme est l'idée, l'expression de cette saisie, l'acte. L'idée est l'expression de ce qui, maintenant, doit être pensé, à l'exclusion de tout autre chose, et l'acte, de ce qui doit être fait, envers et contre toute représentation de la conscience. S'il est possible de savoir ce que l'on *doit* penser et ce que l'on *doit* faire, et ce, à chaque instant où s'impose «ce tournant de tout besoin [qui] s'appelle votre nécessité», selon la formule de Nietzsche, *éthique il y a, en tant que science de la nécessité.* Ainsi, si la philosophie de Spinoza est éthique et s'exprime dans un ouvrage appelé *L'Éthique,* c'est qu'elle se veut l'expression et le déploiement de cette science de la nécessité. Science toujours inachevée mais une en son essence. Code imprescriptible qui ouvre à toutes les expériences. En ce sens, non seulement l'éthique est-elle possible, mais elle est la science même de toutes les possibilités.

CHAPITRE III

Découvrir ou Descartes et le monde de l'idée

1. Le déracinement

Descartes écrit, dans la sixième partie du *Discours de la méthode* : «Car, pour les opinions qui sont toutes miennes, je ne les excuse point comme nouvelles... Et je ne me vante point aussi d'être le premier inventeur d'aucunes, mais bien que je ne les aie jamais reçues ni pour ce qu'elles avaient été dites par d'autres, ni pour ce qu'elles ne l'avaient point été, mais seulement pour ce que la raison me les a persuadées[1].» Ainsi importe-t-il plus à Descartes qu'un sujet particulier se soit posé face à la connaissance qu'une «vérité nouvelle» ait été inventée. Mais peut-être faut-il comprendre qu'il n'est de vérité vraiment nouvelle que cette connaissance qui advient au sujet qui cherche, en tant qu'il fait cette expérience irréductible de l'idée qui s'impose à lui. En ce sens, il n'est pas de connaissance en tant que telle et digne de ce nom qui ne soit rapportée à un sujet, en d'autres mots, qui ne soit connaissance de soi en même temps que de l'objet. Car, s'il n'en était pas ainsi, la «connaissance» aurait plus à voir avec la mémoire qu'avec l'intelligence : elle ne serait encore qu'«analogique», vague «reflet» de l'objet dans l'esprit, et non «création» (ou re-«création») de celui-ci dans l'esprit, enregistrement passif plutôt qu'acte plein et entier de l'esprit. Aussi ne doit-on pas hésiter à dire que l'acte par lequel un individu advient à la connaissance est la seule véritable «invention».

En effet, il n'est de véritable «intelligence» qui ne soit surgissement de l'idée. Comprendre, *«intelligere»,* n'a rien à voir avec l'exercice quasi mécanique d'une quelconque «faculté» de l'esprit, mais doit être entendu comme un acte, celui par lequel, au moment du surgissement de l'idée, l'esprit se découvre à lui-même en même temps qu'il découvre la chose. C'est pourquoi la connaissance simplement apprise par la mémoire ne saurait être considérée comme une vraie connaissance, l'acte par lequel un individu comprend s'en trouvant absent. Car alors ce dernier n'étant advenu à aucune connaissance, ne s'est pas du même coup connu. C'est pourquoi il n'existe pas comme individu plein et entier, c'est-à-dire comme sujet. Il n'est ainsi de sujet au sens propre que du sein de cet avènement de l'individu à l'idée, de ce surgissement, à partir duquel il connaît à la fois la nature véritable de la chose, son essence, et sa nature propre.

Aussi l'homme ne devient-il «maître et possesseur de la nature», pour reprendre la célèbre formule de Descartes, qu'en tant que, comme individu, il parvient à l'idée, et, saisissant du même coup la vraie nature d'une chose et la sienne propre, il fait sienne cette chose. La chose devient sienne au moment où il la connaît, où s'impose l'idée de ce qu'elle est. C'est ainsi qu'elle devient «sa» chose et qu'il s'approche un peu plus de ce qu'il est. Que l'homme devienne «maître et possesseur de la nature» ne saurait ainsi se comprendre hors du rapport constitutif du sujet à la connaissance et ne saurait par conséquent être mis au compte de «l'humanité» abstraitement entendue qui poursuivrait, en quelque sorte pour le compte d'une espèce, un projet de domination de la nature en fonction de quelque fin utilitaire, projet au profit duquel, comme on le constate aujourd'hui, l'individu se trouverait dessaisi de son rapport personnel à la connaissance. Ce serait raturer l'avènement du sujet chez Descartes et sa signification décisive :

après s'être détaché de l'«espèce», il s'y retrouverait inféodé à nouveau, en tant que mis au service d'une entreprise impersonnelle de domination de la nature, visant une augmentation exponentielle d'un «bien-être» matériel sur la nécessité duquel l'individu particulier n'aura jamais été interrogé et par rapport auquel il n'aura jamais eu à se poser. Si Descartes parle bien de parvenir à des connaissances «utiles à la vie», il n'en déclare pas moins, dans le même chapitre, comme argument visant à récuser la nécessité de s'appuyer sur d'autres pour poursuivre sa recherche : «[...] mais pour ce qu'on ne saurait si bien concevoir une chose, et *la rendre sienne,* lorsqu'on l'apprend de quelque autre que lorsqu'on l'invente soi-même[2]», soulignant par là que ce n'est pas son utilité prétendue qui rend une chose sienne, mais bien sa «conception», son «invention». Prétendre le contraire reviendrait à ignorer ce que Descartes lui-même énonce fort clairement dans l'explication de la *Première règle* : «Mais je parle aussi des fins qui sont honnêtes et louables, car elles nous abusent souvent d'une manière plus insidieuse : par exemple, si nous prenions comme objet de recherche les sciences utiles, soit à la commodité de la vie, soit au plaisir qu'on retire de la contemplation de la vérité, et qui en cette vie est presque le seul bonheur qui soit pur et qu'aucune douleur ne trouble. Ce sont là, certes, des fruits légitimes que nous pouvons espérer de l'étude des sciences; mais si, au cours de nos études, nous y arrêtons nos pensées, ils nous font souvent omettre bien des choses nécessaires pour parvenir à d'autres connaissances, parce qu'elles apparaissent de prime abord dépourvues d'utilité ou d'intérêt[3].»

Dans la connaissance, l'homme cherche d'abord à faire siennes les choses, à faire sien le monde, en en produisant l'idée, en en saisissant la vraie nature, ce qui ne saurait se comprendre en dehors de cette capacité dont, intellectuellement, il dispose de dé-composer la représentation première d'une chose telle que les sens nous la livrent, pour la «reconstituer», la re-construire dans l'esprit. Ainsi, faire sienne une chose n'est pas tant «se» reconnaître en elle ou encore se l'approprier en vue de quelque usage, qu'en dé-composer l'image qui s'offre à la première vue et devenir capable de cette seconde vision, à laquelle donne accès l'expérience de l'intuition intellectuelle dont il est question dans les *Règles pour la direction de l'esprit*, et dont Jacques Brunschwig nous dit, dans ses notes : «L'intuition cartésienne est donc une vision, mais une vision au sens propre du terme : c'est pourquoi elle n'appartient pas aux sens, qui ne voient pas à proprement parler[4].» Ce qui recoupe ce que Descartes lui-même écrivait au début du *Monde ou Traité de la lumière* : «Me proposant de traiter ici de la lumière, la première chose dont je veux vous avertir est qu'il peut y avoir de la différence entre le sentiment que nous en avons, c'est-à-dire l'idée qui s'en forme en notre imagination par l'entremise de nos yeux, et ce qui est dans les objets qui produit en nous ce sentiment... Car, ajoute-t-il, encore que chacun se persuade communément que les idées que nous avons en notre pensée sont entièrement semblables aux objets dont elles procèdent, je ne vois point toutefois de raison qui nous assure que cela soit...[5]». C'est ainsi à travers une mise en question de toute re-connaissance, de toute «retrouvaille» de lui-même dans l'objet que l'individu advient à la connaissance de la chose, et, du même coup, se produit comme sujet. Reconnaître dans la chose la fin que Dieu y a mise ou y reconnaître celle que l'homme poursuit à travers elle, c'est toujours reconnaître ce qui, préalablement, y a été déposé : ce n'est pas connaître ni comprendre, qui implique au contraire la capacité de détacher la chose de toute fin préconçue pour la saisir en ce qu'elle est, ce qui veut dire en laisser surgir l'idée à l'esprit, après s'être détourné de l'image première qu'elle offrait et de toutes les convoitises que cette image pouvait susciter.

On peut dès lors comprendre à quel point le «réflexe analogique» dans la connaissance, ce mouvement premier qui porte à se reconnaître dans la chose et à y retrouver la fin que l'on y a au préalable déposée, est indissociable d'un état de non-avènement du sujet. L'avènement du sujet, en effet, est inséparable d'une opération de détachement par rapport à toute

représentation première d'une chose et de soi-même, véritable
«déracinement», pour reprendre un terme qui revient dans le
Discours, des idées reçues, c'est-à-dire des préjugés dans lesquels l'individu baigne dès sa naissance. C'est ainsi que le
règne du «préjugé utilitaire» s'est aujourd'hui substitué à la
représentation théologique du monde : alors qu'autrefois l'on
tentait de déceler la fin déposée par Dieu dans les choses, c'est
la fin utilitaire, l'usage que l'homme veut en faire que l'on
cherche aujourd'hui avant tout à «lire» dans une chose, étant
entendu que, par «homme», l'on entend l'humanité productrice
dont l'individu particulier n'est plus qu'un exemplaire anonyme ou un exécutant sans visage. Ainsi ne doit-on pas
s'étonner de ce que, dans la conception contemporaine de la
connaissance et de son apprentissage, il ne soit jamais question
pour l'individu que d'«apprendre» des connaissances produites
par une machine de spécialisation sur laquelle il ne saurait
avoir la moindre prise, à des fins toujours non critiquées et
réputées non critiquables d'augmentation de la production, et,
par conséquent, de la quantité d'objets à consommer, toujours
représentée comme la finalité dernière à laquelle l'espèce humaine entière devrait se plier. Mais de ce rapport particulier
et personnel de l'individu à la connaissance, en tant que surgissement de l'idée à l'esprit et apprentissage d'une distancia-
tion à l'égard de toute représentation première, il n'est jamais
question. C'est ainsi qu'au nom de l'entreprise humaine de
connaissance régie par une fin utilitaire intangible, l'individu
se trouve dessaisi de son rapport personnel à la connaissance,
et de la sorte voué, en dépit de tout ce qu'il peut «apprendre»,
et peut-être d'une «spécialisation» étroite en tel domaine, à
l'ignorance concrète la plus totale. Pourtant, Descartes n'écri-
vait-il pas dans l'explication de la *Première règle* : «Celui qui
veut rechercher sérieusement la vérité des choses ne doit donc
pas faire choix de quelque science particulière; car elles sont
toutes unies entre elles par un lien de dépendance réciproque :
qu'il songe seulement à développer la lumière naturelle de sa
raison non pour résoudre telle ou telle difficulté d'école, mais

pour qu'en chaque occasion de sa vie son entendement montre à sa volonté le choix qu'il faut faire[6]»?

Connaître, ou comprendre une chose, c'est ainsi, pour un individu donné, faire l'apprentissage de son autonomie par une mise en question radicale de toutes les représentations premières des choses, de toutes les «fins» pré-établies, véritable désancrage ou déracinement qui le renvoie à la nécessité de rentrer en lui-même pour savoir ce qu'il en est de quelque chose, devenant peu à peu capable de cette patience à la faveur de laquelle l'esprit, attentif à ses pensées, laissera advenir, s'imposer à lui l'irréductible idée. C'est ce rapport à l'idée qui se trouve être réellement constitutif du sujet, par-delà toute représentation et toute finalité préconçues. C'est dire que l'homme n'est «la mesure de toutes choses» non en tant qu'il les asservit toutes à une même fin utilitaire dont il devient lui-même dès lors l'esclave, qu'en tant que, s'étant retiré de leur commerce trop familier, et, du même coup, de sa propre «perception» aveuglée, il est devenu attentif à ce travail de l'idée qui le met en rapport avec ce qui, se saisissant de lui, le dérange et le déconcerte, pour l'ouvrir à une nouvelle vision, à la faveur de laquelle la chose ne sera plus vue de la même façon. «Mesure de toutes choses», certes, mais pour autant qu'il aura fait, en lui, du sein de cette attitude d'attention patiente au travail de la pensée, l'expérience du surgissement de l'idée qui est, à proprement parler, celle de l'incommensurable. C'est ainsi que toutes les sciences se ramènent à une seule, celle de l'esprit, par laquelle le sujet enfin émergé connaît la chose et se connaît lui-même, du sein de ce rapport à ce qui s'impose à lui comme «mesure», elle-même incommensurable, soit l'idée, à laquelle son esprit doit se plier pour juger correctement les choses. Mais ce à quoi ainsi il se plie n'est pas extérieur à lui, mais, au contraire, le constitue de l'intérieur, ainsi que sa loi la plus intime, dont il ne peut se détourner lorsqu'elle s'est offerte à sa vision enfin épurée.

2. Le tout autre

«En suite de quoi, faisant réflexion sur ce que je doutais, et que par conséquent mon être n'était pas tout parfait, car je voyais clairement que c'était une plus grande perfection de connaître que de douter, je m'avisai de chercher d'où j'avais appris à penser à quelque chose de plus parfait que je n'étais, et je connus évidemment que ce devait être de quelque nature qui fût en effet plus parfaite[7].» À partir de cette expérience du doute, Descartes est amené à faire réflexion sur ce qu'il y a d'imparfait en lui en même temps que sur cette capacité dont il sait disposer, maintenant qu'il sait pouvoir accéder à une vérité, à un principe qui s'impose à l'esprit, sans aucun doute, avec évidence, clarté et distinction, d'accéder à une certaine perfection, capacité qu'il n'hésite cependant en aucune façon à mettre sur le compte d'une «autre nature», plus parfaite que la sienne, à laquelle son expérience de l'idée claire et distincte lui aurait appris qu'il participe tant il ne saurait douter, du sein de cette expérience, d'entrer en rapport avec une réalité qui le dépasse. Dans son rapport à l'idée claire et distincte, Descartes fait l'expérience du passage d'un plan à un autre, du plan du «je» existentiel, vécu, biographique, à celui du «je» de la pensée, totalement autre par rapport au premier, et qui, tout en le renvoyant à son imperfection naturelle, lui apprend qu'il participe à une autre nature, en ceci qu'il se sait par lui-même incapable d'être l'auteur, la cause, la source de ce qui lui advient ainsi, de ce que, un peu plus loin dans le *Discours,* il appellera un «surplus», qui n'est ainsi un «surplus» de connaissance qu'en étant tout à la fois un «surplus» d'être. C'est dire aussi à quel point est décisif, du point de vue de son expérience, ce rapport à l'idée claire et distincte : tout le développement que l'on trouve dans le *Discours* sur l'idée de parfait suit immédiatement ce paragraphe dans lequel, «... considérant en général ce qui est requis à une proposition pour être vraie et certaine...», Descartes, faisant retour sur l'expérience du cogito et sur ce qui fonde la vérité du «Je pense, donc je suis», en viendra à reconnaître que rien d'autre, en effet, ne la fonde «sinon que *je vois très clairement* que pour penser il faut être, ce dont il tirera la règle générale que les choses que nous concevons fort clairement et fort distinctement sont toutes vraies[8]».

Ainsi voit-on à quel point le «critère» de la vérité d'une proposition n'est pas extérieur à elle, qu'il ne la précède ni ne la domine mais bien plutôt lui est totalement immanent : «... puisque je venais d'en trouver une [proposition vraie] que *je savais* être telle[9]». Ce savoir, parfaitement immanent à l'expérience, intérieur à celle-ci, est ainsi indissociablement savoir de ce qui la fonde, de ce qui, de l'intérieur, la rend possible. Il introduit directement la réflexion sur l'idée de parfait, qui découle elle-même d'une réflexion sur ce qu'il y a d'imparfait à douter à la lumière de cette plus grande perfection dont Descartes a fait l'expérience dans la connaissance, particulièrement en découvrant ce «premier principe de la philosophie que je cherchais», soit «Je pense, donc je suis» : «... car *je voyais clairement,* écrit-il, que c'était une plus grande perfection de connaître que de douter», à partir de quoi, ajoute-t-il, «je m'avisai de chercher d'où j'avais appris à penser à quelque chose de plus parfait que je n'étais, et *je connus évidemment* que ce devait être de quelque nature qui fût en effet plus parfaite[10]». «Je voyais clairement», dit Descartes, «je connus évidemment» : il est «compris» dans l'expérience de l'évidence de l'idée claire et distincte qu'elle implique la participation à une nature plus parfaite. C'est dire à quel point cette expérience de l'idée claire et distincte, dont le cogito serait en quelque sorte la manifestation principielle, est expérience du rapport à une *altérité,* et à une altérité dont le caractère radical est souligné en ceci qu'il dit savoir de l'intérieur de l'expérience participer d'*une nature plus parfaite. Une tout autre nature.* Il faut donc remarquer que c'est du sein d'une expérience intellectuelle, car telle est bien l'expérience de l'idée claire et distincte, que Descartes entre en rapport avec «une nature plus parfaite» : *ce tout autre est en effet d'abord l'idée du tout Autre,* mais l'idée du tout Autre, chez Descartes, loin d'être pure abstraction, pure fabrication d'un intellect d'ores et déjà en pleine possession de lui-même, renvoie à *une expérience indissociablement existentielle et intellectuelle,* qui est une expérience de la dépossession, du manque, d'un côté, et du dépassement, du «surplus», de l'autre. Le «je» est à la fois le lieu et l'enjeu de cette expérience : dans son rapport à l'idée, il est dépossédé de toute son immédiateté naturelle, de sa propension naturelle à se reconnaître en toutes choses et à concevoir celles-ci à sa «ressemblance», à travers l'expérience qu'il fait d'une altérité radicale qui s'impose à lui, hors de tout doute, dans l'avènement, le surgissement de l'idée claire et distincte. C'est ainsi que cette réflexion parfaitement immanente à l'expérience intellectuelle de l'idée claire et distincte est indissociablement ouverture à l'altérité radicale. C'est donc ainsi que l'expérience intellectuelle, saisie en son essence, en son intériorité la plus pure, est expérience d'une Transcendance, et d'une Transcendance plus radicale et plus pure d'être de la sorte issue de l'intellect pur. C'est dire que l'expérience intellectuelle, vécue dans son exigence la plus radicale, prend le relais de l'expérience mystique, et, loin d'impliquer son rabaissement ou son évacuation, la porte à un degré d'épuration plus élevé encore.

Aussi y a-t-il pour le moins lieu de s'étonner que l'expérience du cogito ait souvent été interprétée comme une magnifique expression de solipsisme. C'est oublier à quel point l'expérience de l'idée est expérience de ce qui s'impose à l'esprit, et à quel point le «Je pense, donc je suis» renvoie à l'expérience d'une idée dont l'intensité est telle qu'elle *altère* irréductiblement le «je» de l'expérience vécue et rend impossible, radicalement et sans retour, toute complaisance du moi en un monde conçu à son image, c'est-à-dire toute forme de *connaissance analogique*. C'est ignorer à quel point dans l'expérience de Descartes, la connaissance advient toujours envers et contre toute forme de vraisemblance, de confiance aveugle ou probable et de complaisance dans le «ressemblant». Ainsi, ce n'est certes le fruit d'aucun hasard ni d'un simple «raisonnement logique» que Descartes soit amené de la découverte de ce «premier principe» qu'est le cogito à l'idée de Dieu, et à celle-ci par l'idée de parfait, mais cela est immanent à l'expérience de ce qu'est *l'idée* du point de vue de Descartes. C'est en ce sens que l'expérience du «plus abstrait» n'est en rien une expérience abstraite : si elle est dissolution de l'immédiateté du «je» vécu, c'est dire qu'elle fend de l'intérieur, qu'elle «scinde», pourrait-on dire dans les termes de Hegel, la complaisance du «je» en lui-même en le faisant accéder à «une autre vision», soit la véritable évidence dont il apprend, du sein de l'expérience qu'il en fait, qu'il en est de lui-même incapable et qu'il ne saurait en être l'auteur ni la cause. Ainsi peut-on comprendre que l'expérience authentique de la connaissance intellectuelle soit en elle-même transformatrice du sujet qui s'y livre : elle ne vient pas s'ajouter à lui, en son confort solipsiste, pour le garantir et le cautionner, car elle le rend immédiatement autre en changeant sa vision du tout au tout. Elle lui fait échapper à toute «perspective» pour l'ouvrir à un «point de vue» radical, vis-à-vis duquel plus aucune «perspective» ne tient, car une lumière s'impose, qui est en même temps une direction et qui est incontournable, au risque même de l'abêtissement ou de la folie.

L'expérience de l'idée claire et distincte, chez Descartes, fait apparaître dans une lumière incomparable à quel point c'est le rapport à l'altérité qui est constitutif de l'expérience de la pensée et qui la «fonde» en dernière instance. Mais l'expérience de Descartes le fait ressortir à partir de la connaissance intellectuelle elle-même, saisie dans sa pureté, qui apparaît dès lors comme le mode privilégié de «révélation» et d'avènement de l'altérité. C'est ainsi l'expérience intellectuelle elle-même qui rendra possible l'avènement de la pensée au langage : «Je pense, donc je suis», pensée première qui révèle l'esprit à lui-même, est aussi une «parole première». C'est l'idée la plus pure qui rend possible la parole la plus pure, d'où l'on peut comprendre que c'est toujours le rapport à l'idée, et d'autant qu'il est plus pur, qui rend possible toute parole, toute phrase, tout mot, et à plus forte raison, tout «je» qui ait quelque consistance et quelque valeur. En même temps qu'il est révélation de l'esprit à lui-même, le «Je pense, donc je suis» est révélation à l'esprit de l'Autre absolu qui le fonde et le rend possible. L'esprit n'est ainsi rien d'autre que cette pure conscience que la pensée prend d'elle-même à travers l'expérience de l'idée claire et distincte qui s'exprime en une «parole première». Mais cette pure conscience que la pensée prend d'elle-même est indissociable de l'idée de l'altérité absolue qu'elle représente par rapport à tout ce qui est «donné», «naturel», et qui, de prime abord, apparaît si aisément comme vraisemblable et probable. Il n'est que d'être attentif au développement qui, dans le *Discours de la méthode,* mène Descartes de l'idée du plus parfait à celle de Dieu nommément, pour se convaincre de ce que, loin de tout solipsisme, de toute «présence à soi», le «Je pense, donc je suis» cartésien ouvre à la connaissance d'une si radicale altérité que le «je» se trouve saisi par la conscience qu'il prend de sa radicale dépendance. Ainsi, après avoir réfuté le caractère «transcendant» des idées de «plusieurs choses hors de moi», comme le ciel, la terre, la lumière, etc., en ce qu'elles peuvent fort bien n'être que des «dépendances de ma nature», c'est-à-dire être conçues à son image et à sa ressemblance, Descartes en vient à dire que «ce ne pouvait être le même de l'idée d'un être plus parfait que le mien», laquelle, ne pouvant être tirée du néant, «*je ne la pouvais tenir non plus de moi-même*», «pour ce qu'il n'y a pas moins de répugnance que le plus parfait soit une suite et une dépendance du moins parfait qu'il y en a que de rien procède quelque chose», «de façon, ajoute-t-il, qu'il restait qu'elle eût été mise en moi par une nature qui fût véritablement plus parfaite que je n'étais, et qui même eût en soi toutes les perfections dont je pouvais avoir quelque idée, c'est-à-dire, pour m'expliquer en un mot, qui fût Dieu[11]». Descartes récuse ainsi tout rapport analogique possible entre le «moins parfait» (et, en l'occurrence, le «moins parfait» renvoie à «moi-même») et Dieu. L'idée du plus parfait, celle de Dieu, n'est à la ressemblance d'aucune chose extérieure ni de moi-même. L'idée de parfait ne saurait être construite par analogie avec aucune chose dont «je» puisse faire l'expérience. On comprendra dès lors que toute idée, en tant qu'elle est vraie, c'est-à-dire en tant qu'elle est réellement une idée, qu'elle participe à quelque perfection, et qu'elle est universelle, ne saurait provenir de l'expérience, être à l'image de celle-ci ou s'en prétendre le reflet, au risque de se nier elle-même comme idée. À plus forte raison, l'idée de Dieu, idée universelle par excellence, dont on ne saurait trouver la source ou le modèle en quelque «expérience», mais que, pourtant, nous pouvons concevoir. N'a-t-on pas souvent récusé l'existence de Dieu en récusant l'expérience de la foi ou la valeur du témoignage en tant que toute foi y trouve la source de sa conviction et de son adhésion, sans suffisamment faire attention à l'idée qu'en dehors même de toute foi nous en avons? Et n'a-t-on pas souvent pris prétexte de ce que, chez Descartes ou Spinoza, Dieu ne se présente que comme idée, pour en évacuer la réalité? N'est-ce pas négliger de considérer l'expérience intellectuelle dans sa profondeur comme expérience de l'idée, le caractère authentique et authentiquement révélateur de la transcendance de l'expérience intellectuelle? La *réalité* de l'idée comme expérience de ce qui advient à l'esprit, cette «chose réelle», comme dit Descartes, n'est-elle pas toujours incomprise et toujours réduite à n'être que le «reflet», nécessairement pâle, de la «réalité» dans l'esprit, pour être mieux évacuée, au nom d'une philosophie «perspectiviste» qui, en réalité, nous ramène en deçà de Descartes, c'est-à-dire d'une critique radicale de toute forme de connaissance analogique?

On sait que, dans la quatrième partie du *Discours de la méthode,* en même temps que le surgissement de l'idée claire et distincte, en ce qu'elle a d'évident et en ce qu'elle rompt de façon décisive avec le doute et l'irrésolution, ouvre à l'idée du plus parfait et d'une nature autre à laquelle renvoie nécessairement cette idée, c'est-à-dire à l'idée de Dieu, c'est cette idée, en retour, qui garantit et fonde la vérité des idées claires et distinctes. Il serait tentant d'y voir un «cercle logique», en s'en tenant à cet intellectualisme abstrait que, précisément, à notre sens, récuse l'œuvre cartésienne, qui refuse de s'en remettre au syllogisme, en vertu duquel, dit-il, aucune nouvelle connaissance ne saurait être trouvée. Mais ce que ce «cercle» justement révèle, c'est qu'il s'agit là d'*une expérience,* intellectuelle en l'occurrence, de l'expérience intellectuelle saisie comme expérience intérieure, du sein de laquelle, de façon parfaitement immanente et indissociablement, l'esprit se révèle à lui-même (fondant, comme nous le disions, le langage et la capacité de dire «je») et à ce qui le rend possible, le fonde, le crée, c'est-à-dire à cette Altérité radicale, constitutive de sa nature, qu'est Dieu. C'est ainsi que Descartes affirme dans son irréductibilité la «créativité» de l'esprit : les idées ne viennent ni des choses, ni de l'expérience, et ne ressemblent à rien de ce que nos sens nous peuvent révéler, elles sont «créées» par l'esprit, elles surgissent, elles s'imposent, tel est le sens de leur évidence, elles dissipent la confusion et imposent une direction. Mais l'esprit n'est créateur qu'en tant qu'il sait se soumettre à ce qui, ainsi, s'impose à lui. C'est en ce sens qu'il «découvre» en lui les idées, ces «semences de vérité» déposées dans l'esprit dont parle Descartes. Mais il les découvre d'une manière parfaitement active et consciente, comme on peut supposer que Christophe Colomb «découvrit» l'Amérique : en réalité, elle vint à lui, elle lui advint, elle advint à sa conscience parfaitement éveillée. La véritable créativité ne consiste pas tant à faire apparaître quelque chose à partir de rien qu'à laisser advenir en toute conscience ce qui, incontournablement, s'impose à l'esprit, et que, dès lors, il «découvre» comme une terre inconnue. C'est ainsi que, chez Descartes, la «découverte» de l'esprit n'a rien d'une réminiscence et s'éloigne de toute passivité : le concours de la mémoire se trouvant récusé, cette «découverte» est le surgissement à la conscience du sujet non d'un déjà su depuis toujours en attente, mais de l'activité créatrice de Dieu elle-même, ou, si l'on préfère, de cette Altérité productrice à laquelle, intérieurement, il participe nécessairement. Le moment du surgissement de l'idée correspondrait à l'expérience de la coïncidence de la conscience du sujet avec l'activité créatrice de Dieu, cette Altérité productrice continûment à l'œuvre. L'on peut dès lors comprendre que, dans l'esprit de Descartes, l'expérience intellectuelle soit plus décisive que la foi quant à la connaissance de Dieu : car elle permet de parvenir par soi-même (de trouver en soi-même) à la connaissance certaine de Dieu, de faire l'expérience de l'acte créateur de Dieu en soi, en participant à sa «création continue», alors que la foi, fondée sur des témoignages, ne rendrait possible qu'une connaissance vraisemblable de Dieu. L'adhésion de l'esprit propre à la foi se trouverait être antérieure à son plein surgissement comme esprit et ne serait pas ainsi l'effet de son activité créatrice, de sa capacité d'«invention», laquelle est, indissociablement, expérience de ce qui «me» fait inventer, qui pourtant n'est pas moi mais l'Autre qui me fait être.

Aussi est-il singulier que la valorisation de la Raison dont on dit qu'elle caractérise notre époque ait servi de prétexte à l'évacuation de l'idée de Dieu. Faut-il y voir un effet de la valorisation de la Raison ou plutôt, au contraire, un effet du rabaissement de l'idée de Raison et de son inféodation à des fins extérieures, essentiellement utilitaires? En ce sens, la «mort de Dieu», évoquée par Nietzsche, et sous l'égide de laquelle se situerait notre époque, ne serait-elle pas la mort du Dieu des religions fondé sur la foi, consécutive au surgissement de l'activité créatrice de l'esprit sous le nom de Raison, laquelle, toutefois, ne serait pas encore parvenue à son plein essor ni à sa pleine expression?

3. La rébellion de la particularité

«Je» n'existe pas avant qu'une idée me vienne. Car «je» n'ai encore «rien à dire». «Je» ne suis encore que le reflet, l'effet des influences qui s'exercent sur moi : «je» ne m'en suis pas encore dégagé, pour «me» poser, «m»'affirmer, en tenant une parole qui soit vraiment «consistante». Mais si l'idée «me vient», c'est aussi qu'elle ne vient pas de moi : elle «m'arrive», elle «s'impose» à moi, dissipant d'un coup de par son surgissement la confusion qui régnait jusque-là, cette confusion qui me porte à prendre pour mienne la pensée des autres, c'est-à-dire la pensée «déjà là», déjà produite. C'est la même confusion qui me porte à croire que les idées viennent des «choses extérieures», de l'«expérience», comme si elles n'en étaient que les «reflets» dans l'esprit. Mais si les idées ne sont ainsi que les «reflets» des choses dans l'esprit, comment rendre compte de ce que les hommes parviennent à concevoir des «choses» qui n'ont en aucune façon leur «répondant» (référent ou modèle) dans la «nature»? D'où vient, après tout, le «monde» dans lequel l'homme vit? Son monde «matériel», en effet, n'est jamais seulement matériel, ni d'abord matériel : les lieux dans lesquels il vit, les vêtements qu'il porte, les bijoux dont il s'orne, mais plus encore, les constructions somptuaires et gratuites dont il s'entoure (églises, palais, fontaines, etc.) sans parler de toutes les œuvres de «culture» proprement dites (œuvres d'art, systèmes philosophiques, religions, etc.) sont toujours le «produit», l'effet d'*une idée,* portent la trace d'*une conception.* Or ce qui se trouve ainsi *conçu* n'est en aucune manière une «copie» de quelque donné naturel, mais une pure «invention», c'est-à-dire une «découverte», comme nous le disions à propos de l'Amérique, soit la saisie par l'esprit de ce qui, comme en un éclair, soudainement, et avec une intensité sans pareille, s'est imposé à ce qu'il faut bien appeler l'«esprit», si l'on veut désigner par ce mot cette «zone» qui en aucune manière ne saurait être perçue ni approchée par les «sens». Ainsi l'homme crée-t-il son «monde», qui est tout autre que celui de la «nature», qui est, rigoureusement, d'une «autre nature». Mais affirmer cette capacité créatrice de l'esprit humain, des idées, ne revient aucunement à affirmer un quelconque anthropocentrisme, à poser l'homme comme «mesure de toutes choses». Car l'expérience de l'idée est précisément toujours l'expérience de ce qui contredit la tendance naturelle de tout un chacun à «se reconnaître» dans les choses, à «se retrouver», c'est-à-dire à retrouver une image familière de lui, de son «moi». L'expérience de l'idée contredit cette tendance à se porter vers ce qui «fait plaisir» de prime abord et à se détourner de ce qui est source de «déplaisir». Elle consiste à faire l'expérience d'*une vision autre,* tout à fait neuve, à partir de laquelle il n'est plus tellement question de «mon» point de vue sur quelque chose, mais de la compréhension véritable de ce qui est, qui dissout tous les points de vue particuliers. Il suffit, par exemple, de réfléchir au rapport que l'on peut entretenir à quelqu'un : qu'est-ce donc que l'on entend par «connaître» quelqu'un? Est-ce d'en rester à la première impression qu'il nous livre, toujours nécessairement tributaire de l'état (sensible), de l'humeur dans lesquels on peut se trouver dans une situation donnée, état variable comme les situations sont changeantes? Ou n'est-ce pas, au fil de l'expérience mais à condition seulement que l'on ait réfléchi, c'est-à-dire opéré un retour réflexif en soi-même à la faveur de cette expérience, que cette véritable connaissance adviendra, contredisant la première impression en en faisant ressortir la «généralité» biaisée, en introduisant quantité de nuances qui impliqueront que l'on finisse par la voir tout autrement, le plus souvent malgré soi, envers et contre ce qu'il nous ferait plaisir de retrouver en l'autre, ce que l'on s'*imaginait* pouvoir y trouver? C'est ainsi que la vision première se sera trouvée remaniée au profit d'une *autre vision,* autre parce qu'elle sera advenue envers et contre notre point de vue particulier, comme saisie de la vraie nature de l'autre, qui m'échappe et que je ne saurais jamais «posséder». C'est en ce sens que cette saisie de la vraie nature de l'autre ne vient pas de «moi» mais bien envers et contre «moi», malgré «moi», et qu'elle me vient en ce qu'elle s'impose, que «je» dois m'y plier et l'admettre, que cela «me» plaise ou non. Cette vision autre ne deviendra mienne que pour autant que «j»'aurai consenti à m'y plier, en d'autres mots, que «je» serai sorti de «moi-même». C'est donc en ce sens que l'on peut parler d'une «transcendance» de l'idée, dès lors entendue comme idée universelle et vraie. Elle n'est ainsi universelle et vraie qu'en tant qu'elle est issue de la dissolution des points de vue particuliers.

Cette dissolution du point de vue particulier, toutefois, ne va pas sans une résistance et souvent une véritable «rébellion» de ce dernier. Or cette rébellion est nécessaire et irréductible du point de vue de la constitution d'un sujet vraiment autonome, réfléchi et consistant. C'est pourquoi le point de vue particulier ne doit pas être nié au nom d'une quelconque «règle» abstraite. Nous l'avons déjà souligné, à propos de Descartes, la connaissance n'est vraiment telle que si, *de l'intérieur,* elle s'impose à un sujet particulier qui s'en trouve concrètement transformé. Il y faut son consentement final, son adhésion intérieure, sans quoi l'on devra s'attendre à une révolte ultérieure visant à secouer le joug de la loi pour affirmer la particularité réprimée. C'est dire que, dans la rébellion de la particularité du point de vue, si peu authentiquement «personnel» fût-il, s'affirme, cherche à se poser une *singularité* qui ne saurait tolérer aucune règle venue de l'extérieur. Mais c'est d'abord confusément que s'exprimera cette singularité, empruntant les mots et les gestes des autres et s'appuyant sur d'autres pour dire ce qu'elle est. Mais elle n'en cherche pas moins de la sorte à affirmer et à dire ce qui, en elle, est irréductible. C'est dire que le «je» emprunté, que régit le principe de plaisir, cache une nature singulière, foncièrement rebelle, qui s'accroche à ses goûts comme à son être, même si souvent les goûts qu'elle revendique la détournent d'elle-même. S'il est question pour chacun d'accéder à une idée qui ait une valeur universelle, à ce qu'il faut bien appeler une «vérité», au sens d'une connaissance vraie, chacun, en vertu de ce que nous appelons sa «nature» propre, y accédera selon une modalité tout à fait singulière qui est irréductible et trouve sa première expression dans une attitude de rébellion.

Le sujet rebelle est justement celui qui cherche à dépasser son moi emprunté, trop particulier et trop étroit, mais qui ne veut en rien le dépasser au détriment de sa singularité, cherchant au contraire, même si cela peut paraître paradoxal, la pleine expression de celle-ci à travers l'accession à une connaissance et à une action qui aient valeur universelle. Car il sait d'une science tout intérieure et intuitive qu'il ne pourra y accéder que d'une manière qui lui soit propre, selon son rythme et sa temporalité individuels : il sait qu'il n'est pas d'universalité sans qu'un rapport à celle-ci ait été du même coup inventé par un individu particulier. On comprendra dès lors que tenter de contraindre *(coercere)* un moi replié sur lui-même à accéder à l'universalité revient à l'enfoncer encore plus en lui-même dans la défense jalouse de la particularité : car, derrière ce repli, vit et cherche à se poser justement par ce repli, puis par sa résistance, une singularité ombrageuse. C'est d'elle-même qu'il lui faudra en venir à se déplier, ce qui, par ailleurs, ne sera pas possible sans intervention extérieure (c'est là le rôle irremplaçable de *la relation pédagogique,* qu'il ne faut surtout pas restreindre au rapport scolaire maître/élève), mais à la seule condition que cette intervention se fasse *de l'intérieur,* qu'elle soit immanente, mais de cette immanence réfléchie, c'est-à-dire portée par une idée qui la transcende.

Ainsi, autant il est important d'affirmer qu'il n'est de véritable «je» que porté par l'idée au-dessus de sa particularité, autant l'est-il d'affirmer que ce dépassement du «je» n'est possible que selon une modalité propre à chaque individu en tant que c'est d'une façon singulière qu'en lui se réalise la nature humaine. Car le rapport à l'idée est indissociable de l'idée elle-même, le chemin qui mène à la connaissance inséparable de la connaissance elle-même. C'est en réalité ne pas croire à la «raison» ni à l'idée que de penser qu'il faut, de l'extérieur, les imposer. On peut les stimuler, en favoriser l'émergence, on le doit même, mais si l'on croit que la raison est vraiment universelle, on doit croire qu'elle sommeille en chacun, que chacun cherche, d'abord confusément, à ce qu'elle s'éveille en lui, mais à travers le chemin qui lui est propre, selon les exigences de sa propre nature. C'est déjà indiquer ce qu'il faut penser d'une pédagogie «extérieure» et «autoritaire», qui, en réalité, ne favorise pas tant l'émergence d'une véritable rationalité chez l'individu, laquelle n'est concevable que pleinement consentie et intérieurement admise, que la conformité à un modèle qui cherche à s'imposer par la négation de tout rapport individuel à la connaissance. C'est dire aussi du même coup ce qu'il faut penser d'une pédagogie «laxiste» qui, en s'en remettant totalement au point de vue singulier de chacun tel qu'il s'offre de prime abord et en n'étant portée par aucune idée, aucune exigence, aucune direction, n'incite en rien l'individu à se déclore pour éclore autrement.

4. La liberté

L'on peut comprendre la signification de l'entreprise de Spinoza par rapport à Descartes de la façon suivante : il s'agit d'assurer (de rendre inébranlable) le principe d'intelligibilité de toute chose, le principe même de toute rationalité : Dieu. Tout se joue dès le début de *L'Éthique* autour de l'idée de Dieu : l'enjeu de l'opération spinozienne est d'en évacuer toute indétermination, tout «indécidable». C'est pourquoi la question de la compréhension de la «liberté» de Dieu est décisive. Il ne s'agit pas tant là d'une question théologique abstraite que de savoir s'il y a quelque indétermination dans l'être qui serait de nature à rendre aléatoire le principe d'intelligibilité : «Dieu aurait-il pu faire que les choses soient autres qu'elles ne sont? Aurait-il pu produire le monde autrement qu'il ne l'a fait?» Pour l'essentiel, Descartes, à ce sujet, résume bien sa pensée dans une lettre au Père Mesland : «Et encore que Dieu ait voulu que quelques vérités fussent nécessaires, ce n'est pas à dire qu'il les ait nécessairement voulues; car c'est tout autre chose de vouloir qu'elles fussent nécessaires, et de le vouloir nécessairement, ou d'être nécessité à le vouloir[12].» C'est dire que Descartes reconnaît à Dieu une liberté, entendue au sens courant, c'est-à-dire une possibilité d'abstention, dont l'idée lui vient de ce qui est pour lui notre expérience la plus commune de la liberté : «... et que d'autre côté nous sommes aussi tellement assurés de la liberté et de l'indifférence qui est en nous, qu'il n'y a rien que nous connaissions plus clairement[13]». Abstention, indifférence, capacité de ne pas donner son adhésion, voilà la liberté dont nous faisons, selon Descartes, l'expérience de telle sorte que «... nous aurions tort de douter de ce que nous apercevons intérieurement et que nous savons par expérience être en nous[14]». Aussi serait-il inconséquent de priver Dieu de cette liberté ou «libre arbitre» que nous expérimentons en nous comme *une perfection*. Mais, de la sorte Descartes introduit une indétermination dans l'idée de Dieu, qui relativise le principe d'intelligibilité. En effet, si Dieu n'a pas voulu nécessairement que les choses soient nécessaires, il aurait pu les vouloir autrement, elles auraient donc pu être autres : dès lors, ne seraient-elles qu'une «fiction» divine entre d'autres possibles? Si c'est le cas, la rationalité n'est valable que jusqu'à un certain point, jusqu'à ce point où elle heurterait ce «sentiment» irréductible de liberté que nous éprouvons tous et au nom duquel (pourquoi pas?) nous pourrions chercher à nous émanciper de la raison.

Lorsque Spinoza affirme : «... mais un pareil langage vient de ce qu'on ne conçoit pas bien en quoi la vraie liberté consiste, car elle n'est en aucune façon ce qu'ils s'imaginent, à savoir : un pouvoir de faire ou de ne pas faire n'importe quoi de bon ou de mauvais; mais la vraie liberté consiste uniquement en ce que la cause première, sans être contrainte ni nécessitée par aucune autre chose, par sa perfection seulement produit toute perfection[15]», et qu'il précise : «... libre non en ce sens qu'elle peut faire ou ne pas faire quelque chose, mais en ce sens qu'elle ne dépend de rien d'autre, de sorte que tout ce que fait Dieu, il le fait et l'exécute en sa qualité de cause souverainement libre. Si donc il avait fait les choses auparavant, autrement qu'elles ne sont actuellement, il s'ensuit qu'il eût été à un moment imparfait, et ainsi cela est faux[16]», il marque la différence de sa conception par rapport à celle de Descartes. Toute possibilité reconnue à Dieu, ne fût-ce que «théoriquement», d'avoir pu faire les choses autrement introduit dans l'être du «défaut» ou du manque et, par conséquent, dans le principe d'intelligibilité, une dimension aléatoire, susceptible à terme de le ruiner en le faisant glisser sur la pente dangereuse de la «fiction». Dès lors, en effet, la connaissance ne serait qu'une question de «point de vue» sur un monde qui ne serait lui-même qu'un point de vue parmi d'autres, comme le suggérera Leibniz.

L'on doit se rendre compte de ce que si, chez Descartes, le doute, l'irrésolution sont des manifestations d'imperfection, ils sont aussi l'expression de la liberté de l'individu. Il s'agit d'une imperfection du point de vue de la connaissance vraie, mais comme Descartes écrit par ailleurs (et c'est même le titre du paragraphe 37 de la première partie des *Principes*) que «la principale perfection de l'homme est d'avoir un libre arbitre», et qu'«... au même temps que nous doutions de tout..., nous apercevions en nous une liberté si grande, que nous pouvions nous empêcher de croire ce que nous ne connaissions pas encore parfaitement bien...[17]», nous devons en conclure en un premier temps que l'expérience que nous faisons de la liberté a une valeur en elle-même indépendamment de la connaissance, et en un second temps, que l'expérience du doute, en tant qu'elle révèle au sujet l'étendue de la liberté dont il dispose a aussi en elle-même une valeur irréductible à la connaissance qui lui confère, fort paradoxalement, une certaine perfection. La philosophie de Descartes nous ouvre ainsi toute une zone d'expérience irréductible à la connaissance rationnelle par idées claires et distinctes à laquelle il reconnaît une perfection propre et qui se signale à notre attention par les termes de «liberté», de «libre arbitre» ou encore de «volonté libre» dont il dit dans les *Principes* : «Au reste il est si évident que nous avons une volonté libre, qui peut donner son consentement ou ne pas le donner quand bon lui semble, que cela peut être compté pour une de nos plus communes notions[18].»

Mais jusqu'où va cette reconnaissance de ce que comporte de parfait l'expérience de la liberté selon Descartes eu égard à cette non moindre et cruciale expérience de la perfection que l'on peut atteindre dans la connaissance, lorsque advient l'idée claire et distincte? Va-t-elle, peut-on se demander, jusqu'à impliquer et admettre que l'on puisse refuser son consentement à la connaissance vraie, à l'évidence d'une raison? Si c'était le cas, l'on se trouverait en présence d'une expérience dont la perfection propre serait égale à celle que l'on peut atteindre dans la connaissance, mais dans un sens radicalement autre, quoique irréductible. On trouve dans une lettre au Père Mesland une formulation fort instructive à cet égard : «Mais peut-être que d'autres entendent par indifférence une faculté positive de se déterminer pour l'un ou l'autre de deux contraires, c'est-à-dire pour poursuivre ou pour fuir, pour affirmer ou pour nier. Cette faculté positive, je n'ai pas nié qu'elle fût dans la volonté... À ce point que, lorsqu'une raison très évidente nous porte d'un côté, bien que, moralement parlant nous ne puissions guère aller à l'opposé, absolument parlant, néanmoins, nous le pourrions. En effet, il nous est toujours possible de nous retenir de poursuivre un bien clairement connu ou d'admettre une vérité évidente, pourvu que nous pensions que c'est un bien d'affirmer par là notre libre arbitre[19].» C'est reconnaître sans ambiguïté la perfection du libre arbitre en nous et la capacité dont nous disposons, pour l'affirmer, de nous abstenir d'adhérer à une raison évidente. On trouve ainsi dans la philosophie de Descartes en même temps que l'émergence d'une idée de la Raison épurée par rapport à toute connaissance analogique et rapportée à l'expérience du sujet, l'affirmation de la liberté de ce même sujet, entendue comme liberté de consentement et d'adhésion, d'affirmation ou de négation, c'est-à-dire d'une expérience, on pourrait presque dire d'un principe, qui peut faire échec au principe de raison. C'est reconnaître, en même temps qu'on l'affirme, que la rationalité ou principe de raison comporte une limite, ou, autrement dit, c'est limiter sa validité et restreindre son empire, pour ne pas dire son emprise.

C'est ainsi que l'on trouve chez Descartes une sorte d'«instinct», si l'on peut dire, qui le porte sans cesse à «déserter» comme s'il exprimait son refus de se laisser «fixer» par une vérité, son goût de l'errance sans autre but qu'elle-même, du déracinement ou de ce que nous appelions précédemment «désancrage», qui fait échec à une emprise qui deviendrait excessive de l'«instinct» inverse, celui qui porte à la connaissance. Car la connaissance, entendue au sens de Descartes, soit l'expérience de la raison évidente, fixe une fois pour toutes celui qui y adhère. L'affirmation qui s'y trouve impliquée de l'intelligibilité du monde, Descartes le pressentait, si elle est poussée à sa limite, met un terme à toute indétermination autant dans la conception que l'on peut se faire du «monde» que dans l'expérience du sujet. Le monde, dès lors en effet, en vient à prendre la figure d'une incroyable machine, la perfection consistant pour l'individu à consentir toujours plus à cette nécessité qui l'inclut, pour s'éloigner du risque d'erreur, renonçant de la sorte à sa liberté, au sens habituel de ce mot que reprend Descartes, qui considère comme irréductible le «sentiment» que nous en avons.

Réfléchissons à ce qu'implique à cet égard la pensée de Descartes : si refuser son consentement (suivant l'hypothèse «absolue» que lui-même formule) à une raison évidente a un sens, c'est dire «logiquement» que l'on consent à rester dans l'erreur, c'est-à-dire dans l'imperfection; mais, d'un autre point de vue, si, en dépit de cette erreur, l'individu a le sentiment qu'il est plus important pour lui d'affirmer sa liberté, son droit à l'«errance», pourrait-on dire, ce qui était imperfection devient perfection. «Je sais que je devrais consentir à cette raison, elle est vraie, je ne le nie pas, mais, pour l'instant, du moins, je refuse d'y adhérer. Pourquoi? Pour ne pas me laisser "enfermer" dans cette vérité, pour ne pas me laisser fixer, parce que, dans ce refus d'adhérer, j'éprouve ma liberté, toute l'indétermination qu'il y a en moi et dont je sais qu'elle m'est aussi "consubstantielle" que n'importe quelle vérité.» C'est là le «raisonnement» implicite de l'adolescent qui, sachant très bien au fond de lui-même que ses parents ont raison, refusera, pour l'instant du moins, de se rendre à leurs raisons, pour «s'affirmer» face à eux et faire de la sorte l'expérience de sa liberté. Cet adolescent, Descartes l'est resté, et à le lire, l'on peut aussi apprendre qu'il n'est peut-être pas mauvais de le rester dans une certaine mesure, qu'il pourrait même s'agir d'une «perfection».

Descartes a donc pu entrevoir que l'affirmation du principe d'intelligibilité de toutes choses, de la rationalité du monde et de l'esprit humain, si elle était consentie sans limites, conduirait à la négation d'une dimension essentielle de l'expérience humaine, soit la liberté, entendue en son sens le plus habituel. Peut-être a-t-il voulu dire que l'homme est d'autant plus susceptible d'adhérer à une raison évidente ou à une idée claire et distincte qu'il sent en lui la capacité de leur refuser son adhésion, qu'il expérimente en lui une indétermination irréductible du sein de laquelle il peut consentir à se fixer ou non, selon qu'il s'y sent disposé ou non, prêt ou non. Ainsi n'aura-t-il pas le sentiment, en y adhérant, de nier ce qui peut faire sa singularité, c'est-à-dire cette part irréductible d'indétermination.

CHAPITRE IV

Se déployer ou Spinoza et la rigueur de la nécessité

1. Exister

Toute la démonstration spinozienne de l'impossibilité de l'existence de deux substances (Matière et Pensée), entendant par là deux mondes séparés, repose sur la réfutation du caractère «originaire», «premier», c'est-à-dire structurant, constitutif, du principe de dualité. L'idée spinozienne de causalité, comme auto-expression («La connaissance de l'effet dépend de la connaissance de la cause et l'enveloppe»), met en question toute idée d'*engendrement*. Ce qui s'exprime «s'auto-engendre» à travers ses «œuvres», ses «productions», et de la sorte extériorise la source unique qui le meut. L'expression ne saurait ainsi être considérée comme simple «résultat» de causes extérieures, auxquelles elle serait redevable de ce qu'elle est. C'est ainsi que ce qui s'exprime n'existe pas en dehors de son expression, c'est-à-dire de son effort d'extériorisation, alors que le principe d'«engendrement» correspond au mode de production «externe» des choses finies plutôt qu'à leur processus de production interne. Toutes les choses, en effet, considérées de l'intérieur, découlent de Dieu, c'est-à-dire d'un principe unique qui agit dans les choses de l'intérieur et qui, par ailleurs, n'existe pas hors de cette action. Si, en effet, les «choses finies» ne sont rien sans Dieu, qu'elles sont en lui au sens où elles sont produites par lui, Dieu n'existe pas antérieurement ni extérieurement à son activité incessante de production des «choses finies». Il n'a, en ce sens, rien à voir avec une «paternité abstraite», qui, tel un Roi, s'exprimerait une fois pour toutes par commandements et par règles. Si les choses ne sont rien sans lui, il n'est rien hors de son activité de production, c'est-à-dire d'insufflement intérieur des choses finies.

Par ailleurs, la réfutation spinozienne du caractère constitutif du principe dualiste d'engendrement repose sur la mise en question de la tendance «naturelle» que nous avons à penser de la même façon ce qui s'offre à nous et se présente devant nous au cours de notre expérience, et *cela* dont nous pouvons avoir la notion parce que nous en sommes à la fois constitués et animés, mais que, jamais, nous ne pouvons de la sorte amener *devant nous*, parce que nous y sommes totalement immergés mais dont, néanmoins, nous savons par *réflexion* qu'il existe nécessairement, parce qu'il nous fait être. Ce qui de la sorte existe nécessairement, dont nous sommes faits et qui nous produit, ne saurait relever du même ordre que toutes les choses que nous pouvons nous représenter : c'est pourquoi le mode de connaissance qui y donne accès ne saurait être confondu avec celui par lequel nous nous représentons les choses. Car, pour comprendre ce qui est, qu'il nous est pourtant impossible de ne pas présupposer, la représentation ou l'imagination fait défaut : le comprendre exige un *retournement*, une véritable «conversion du regard», une attention exclusive portée à l'*idée* et à son surgissement en soi. C'est ainsi que comprendre, en son sens le plus intérieur, implique et exige une *rupture* avec l'ordre de la représentation et de l'imagination, avec aussi toutes les complaisances et les jeux de reflets de la «subjectivité», un consentement à se laisser saisir, c'est-à-dire dessaisir, désapproprier de son «moi» et de sa tendance à se constituer en entité auto-suffisante (en «substance»).

S'il est ainsi impossible de penser en dehors de Ce qui est, de ce qu'il faut bien appeler l'Être, et si, de l'intérieur, l'Être se révèle à notre attention sans défaut, sans faille, sans interruption ni limitation et dépourvu de toute passivité, on doit donc affirmer qu'il existe nécessairement, qu'il se produit à travers nous, et qu'il ne peut être approché d'après le même mode de connaissance qui vaut pour les choses qui nous entourent, quand nous les considérons de l'extérieur. Or l'Être ainsi conçu se révèle de façon privilégiée dans et par l'Idée, c'est-à-dire cette saisie immanente de la nature d'une chose qui nous advient et contredit la représentation. Ainsi, du point de vue de l'Être, la chose, si elle est bien finie, participe à ce qui est infini *en ceci qu'elle ne tient pas d'elle-même ce qui la fait être.* C'est en ce sens qu'il y a discontinuité radicale entre le fini et l'Infini, l'ordre du représentable et celui du non-représentable. Or cette discontinuité dont nous faisons l'expérience lorsque nous passons d'un mode de connaissance à un autre, de la représentation ou de l'imagination à la saisie de ce qu'est la chose et de ce qui la fait être, est la même qui se trouve marquée entre la dualité (ou le «deux») et l'Un. Ou bien, en effet, les choses sont abordées du point de vue de l'Infini, du point de vue de ce regard intérieur qui s'est *converti,* et le point de vue de l'Un est premier, c'est-à-dire celui d'un principe unique agissant en toutes choses, en dépit même de ce qui semble les séparer. Ou bien l'on prend pour point de départ notre expérience des choses finies et l'unité de ce qui est devient impensable : la pensée de l'Être n'advient pas, *la* Substance est impossible, et dès lors il n'y a plus que des choses finies, ce qui revient à dire que l'Être, divisible, que rien ne soutient, se disloquant et se démembrant, devient à la lettre *impensable,* en dépit, pourtant, de notre attachement aveugle à l'existence, à la conservation, à la continuité qui, dès lors inexplicable et injustifiable, demeure rigoureusement *sans raison.*

C'est ainsi que, en considérant toutes choses du point de vue de leur existence finie, érigée en nature ontologique de ce qui est («il n'y a que des choses finies»), l'on se rend incapable de penser l'Être, *mais également incapable d'échapper à sa pensée,* et dès lors hanté et poursuivi par cet Infini aussi insaisissable qu'irréductible le constitue-t-on en «lieu d'aspiration» (que l'on transpose à l'«Origine») dont l'on est par ailleurs condamné à rester à jamais exilé. C'est du sein de ce creux impensé, de ce manque torturant, que l'on sera tenté de se porter vers quelque figure paternelle abstraite exilée en quelque «royaume des Cieux», dont l'on attendra la prise en charge finale, c'est-à-dire le Salut. «Que vienne ce Père qui me sauvera», dont je serais le «fils» abandonné, parce que «pécheur». C'est dire que l'on trouve au fond de soi une expérience et une épreuve de cela qui nous dépasse et nous meut, nous échappe et nous anime, qui est irréductible, et en deçà de laquelle on ne se maintient qu'en se sentant manquant, et par conséquent en y aspirant, consciemment ou non, y compris dans l'effort que l'on peut déployer pour démontrer la vanité et la vacuité d'une telle pensée. C'est ainsi que Spinoza peut écrire : «... être fini est, en vérité, partiellement négation, et être infini affirmation absolue d'une certaine nature[1]...».

Si exister veut bien dire quelque chose, ou bien *il est* quelque chose, et pas rien, et ce quelque chose qui est n'est relatif à rien d'autre qu'à soi pour être, et en ce sens il est infini de la même manière qu'il tend, en vertu de sa nature, à se tenir et à se maintenir; ou bien il n'y a rien qui soit, qui tende à se tenir et à se maintenir, et dès lors, plus aucune chose n'est, puisqu'il devient impossible d'*affirmer* quoi que ce soit à propos de quelque chose, cette dernière pouvant à la fois être et n'être pas, être ce qu'elle est et autre chose. Plus aucune nature de ce qui est n'étant pensable, plus aucune nature de chaque chose particulière n'est pensable. C'est ainsi que l'on peut comprendre le sens de la réfutation de l'existence de deux substances par Spinoza : en effet, s'il existe deux substances (ou plusieurs), chacune étant dès lors nécessairement relative à l'autre, dépendante de l'autre pour être, il n'est plus de substance en tant que telle qui soit pensable (plus rien qui soit «en soi» et «conçu par soi»), donc, tout étant ainsi relatif et limité, il n'y a que des choses finies, dont l'essence et en même temps l'existence deviennent rigoureusement impensables puisqu'elles ne seraient faites de «rien», ne seraient issues de «rien», aucune dès lors en effet n'étant plutôt quelque chose qu'autre chose. En bref, s'il y a plusieurs substances plutôt qu'une, l'Être ne peut être dit existant. C'est pourquoi, s'il existe, il est Un, nécessairement, ce qui veut dire en réalité qu'il n'y a qu'*un monde,* qu'il est infini, que sa non-existence est impensable et que nous y sommes nécessairement immergés au sens où nous en sommes faits et que c'est par lui que nous sommes ce que nous sommes et tendons à le rester.

Si nous exilons l'Infini de notre expérience, de ce monde substantiel et infini dans lequel nous sommes, sous prétexte qu'il serait irreprésentable, outre que nous nions qu'il y ait un autre mode de connaissance que celui de la représentation (la connaissance «idéative» ou conceptuelle), ou bien nous affirmons qu'il n'y a que des choses finies et nous nous évertuons à nous en contenter, en réprimant ce qui sans cesse en nous tend à y échapper, et plus que tout notre capacité de former des idées, c'est-à-dire de penser; ou bien nous nous constituons en créature malheureuse, définie non par ce qu'elle est et vers quoi elle tend, mais par ce qui lui manque et à quoi, du fond d'une inépuisable nostalgie, elle aspire, toute tendue vers le Sauveur qui l'arrachera à son malheur dans une vie autre que celle-ci et dans un monde autre dont, pourtant, elle est incapable de se former la moindre notion. Peut-être cette démarche réflexive peut-elle nous faire comprendre ce qu'écrit Spinoza dans *L'Éthique* : «Je ne doute pas que tous ceux qui jugent confusément des choses et n'ont pas l'habitude de chercher à connaître les choses par leurs premières causes, n'aient du mal à concevoir la démonstration de la proposition(7) [«À la nature de la substance appartient d'exister»], faute certainement de distinguer entre les modifications des substances et les substances elles-mêmes, et de savoir comment les choses se produisent. D'où vient que, le commencement qu'ils voient aux choses naturelles, ils l'attribuent à tort aux substances[2]...».

2. Se manifester

Que Dieu, selon Spinoza, soit cause immanente des choses veut dire pour nous qui existons aujourd'hui que, du sein de cette angoisse que nous pouvons éprouver, de cette expérience de la perte du fondement qui est proprement l'essence de notre époque, il est possible de parvenir à se ressaisir par-delà toutes les contraintes qui s'exercent sur nous. Si Dieu n'existe pas hors des effets qu'il produit, c'est donc qu'il agit à l'intérieur de chaque chose. C'est ainsi que chaque chose se trouve naturellement portée à produire certains effets en vertu de sa nature propre. C'est en ce sens qu'il n'y aurait pas d'indétermination au fond de la chose ou de l'être. Quoi qu'il en soit de sa «volonté», chaque être, nécessairement, produirait les effets qui découlent de ce qu'il est sans qu'il puisse être confondu avec ceux d'un autre, pas plus que deux corps, considérés de l'extérieur, ne peuvent être dits absolument identiques. Leur différence ne tient pas tant à leur apparence qu'à la manière dont pratiquement ils s'expriment, c'est-à-dire se produisent (au sens où l'on dit d'un artiste qu'il «se produit») à travers leurs mimiques, leurs gestes, leur démarche, leur allure, les intonations de leur voix, leurs paroles, à savoir les mots vers lesquels ils sont portés, la manière particulière dont ils structurent leurs phrases. Aussi peut-on déceler une cohérence propre à chaque corps qui lui vient et prend forme naturellement, que l'individu en prenne conscience ou non, qu'il le veuille ou s'y refuse. C'est en ce sens qu'il existerait une «rationalité» immanente à chaque être et dont le corps se trouve, paradoxalement, le lieu de manifestation privilégié.

Il ne suffirait donc pas de se placer du point de vue du corps pour mettre en question la rationalité ainsi que Nietzsche s'y applique, comme si le corps n'était qu'un nœud fortuit d'impulsions. Même d'un point de vue nietzschéen, n'est-il pas quelque privilège reconnu au corps «organisé» sous l'égide d'une impulsion plus forte, en tant que puissance créatrice de formes? Si chaque corps en effet n'échappe pas à cette expérience en lui d'un conflit d'impulsions, n'expérimente-t-il pas autant la canalisation de ces impulsions qui se réalisent à la faveur de la domination de l'une d'entre elles? Et n'est-ce pas cette expérience qui correspondrait à ce ressaisissement que nous évoquions plus haut? N'est-il pas ainsi une «forme» toujours en instance de se produire, une cohérence toujours susceptible d'advenir? Et n'est-ce pas le caractère spécifique de cette cohérence qui produit la distinction de l'un avec l'autre?

Ce n'est qu'extérieurement en effet que le corps apparaît ou bien comme la «chose» de l'esprit, soumise à son commandement et à sa «volonté», ou bien, si on lui retire l'autorité de l'esprit, comme un nœud d'impulsions fortuit. C'est du point de vue de ce regard abstrait de l'esprit que tous les corps paraissent «égaux» et qu'ils semblent se valoir, «également» aptes à toutes les tâches auxquelles on pourra décider de les soumettre. Cette conception «industrielle» des corps découle directement du concept métaphysique de séparation du corps et de l'esprit et de la nécessaire prééminence de ce dernier dès lors doté d'une «volonté libre». C'est le corps ainsi soumis qui, se dégageant de la tutelle de l'autorité exercée sur lui par une «institution» ou une «entreprise» l'ayant contraint à produire certains effets en vertu de quelque «idéal de formation» ou d'«objectifs de production», se sentira livré, une fois rendu à lui-même, à une multiplicité d'impulsions cherchant à s'emparer de son esprit.

Depuis longtemps «encadré», «enrégimenté», obligé de se conformer à un modèle de productivité et d'efficacité, ce corps aura perdu la notion des effets spécifiques qu'il peut produire, et l'esprit (cette puissance idéative immanente au corps) n'aura pu, de l'intérieur, saisir l'idée, c'est-à-dire le concept de la cohérence spécifique de ces effets. Si un corps est ainsi constitué que, naturellement, il produit certains effets, l'esprit, si l'on n'entend pas là aucune «substance» conçue à priori en dehors du corps et comme «injectée» en lui, n'est rien d'autre que cette disposition réflexive qui, de l'intérieur de ce qui tend à se produire, à s'exprimer, en saisit la direction propre, la dégageant de toute autre. Ce qui se trouve ainsi saisi est indissociable d'un effort de ressaisissement qui implique une tension du corps que l'on peut comparer à celle de l'athlète qui, se préparant à une épreuve, rassemble toutes ses énergies pour les canaliser dans le sens de l'effort à fournir. En un tel cas, le «but» visé ne saurait d'aucune façon rendre compte de la perfection de l'acte accompli : le «but» n'est autre que l'activité elle-même que seule «explique» cette capacité interne de ressaisissement que l'on peut comprendre autant et indissociablement comme capacité de canalisation des énergies physiques que de concentration proprement intellectuelle. Le «secret» de la «réussite» consiste à rendre la capacité réflexive ou idéative parfaitement immanente ou adéquate à l'effort physique à fournir. Le corps doit apprendre à se soustraire à toute sollicitation extérieure exagérément troublante et l'esprit à toute image ou représentation trop «distrayante». Cet effort correspond à ce que nous appelons ressaisissement, comme si l'individu, tel l'animal prêt à bondir, disposait de la puissance de «se ramasser» en un centre. Il se met ainsi de l'intérieur en rapport avec une source d'où jaillissent en permanence toutes les énergies à la seule condition qu'il parvienne à se dégager le plus possible de toutes les influences qui le sollicitent hors de lui.

En ce sens, cette capacité de ressaisissement n'est pas du même ordre que ce qui s'entend en général dans des expressions comme «se retrouver», «rentrer en soi-même», etc. Car il est alors question d'une expérience de «retrouvaille» ou de «reconnaissance» psychologique à la faveur de laquelle un climat de confort intérieur se trouve rétabli à l'ombre de certaines représentations familières de soi héritées de son passé, de sa famille, etc., que l'on exprimera dans un discours essentiellement nostalgique («je me retrouve», en réalité, signifiant «je me reconnais dans les images familières de mon milieu, de ma famille, de mon enfance, etc.»). Cette expérience des «retrouvailles» de la conscience, hors de toute activité et de tout effort d'expression, consiste en réalité à s'entretenir, loin d'un travail ressenti comme «épuisant» ou «vidant», à l'intérieur d'un monde de représentations qui maintient l'individu hors de lui-même, c'est-à-dire de sa source interne. Éloigné dans son travail des effets qui pourraient réellement découler de lui-même, mis de la sorte à distance de son expressivité propre, l'individu livré au repos et avide de «se retrouver» ne retrouvera en réalité que les mirages qu'il aura entretenus tout le temps de ce travail pour y échapper en s'évadant. Il restera loin de cette source qui ne s'atteint que dans l'effort fourni pour l'exprimer, lequel requiert un effort de concentration du corps et de l'esprit, de dégagement de ce qui attire trop fortement à l'extérieur, au prix d'une discipline de tous les instants qui n'exclura aucun aspect de la vie quotidienne.

Cette manière de vivre propre à notre époque qui consiste à exclure la vie dite «quotidienne» ou «privée» du champ du travail revient au fond à s'exclure soi-même à la fois de son travail et de sa «vie privée», en se tenant à l'écart de cela qui en soi exige sans cesse d'être exprimé et de la manière la plus adéquate possible. Certes, cela que je suis s'exprime néanmoins dans son travail comme dans sa vie privée dans une mesure variable selon les individus, mais s'exprimera inadéquatement et confusément si la conscience n'advient pas de la nécessité d'une canalisation de ces efforts impliquant un dégagement hors des sollicitations extérieures qui pourraient s'avérer néfastes. Cette nécessité de canalisation n'est que la formulation pratique de l'exigence d'unification (corps et esprit) propre à chaque être humain. C'est justement parce que cette exigence existe et se fait sentir à l'intérieur de chacun que l'on sera porté à se placer sous l'égide de «grands principes» ou de «valeurs universelles» qui feront fonction de points de référence ou de lieux d'aspiration en l'absence d'une unité proprement issue de soi et de valeurs ordonnées au désir de réalisation de chacun. Cette exigence d'unité se trouvera donc vécue de façon abstraite et extérieure, ce dont témoignera un mode de vie qui relèvera de valeurs complètement différentes de celles auxquelles on se réfère mais destinées à rester inavouées si ce n'est parfois en catimini ou à la dérobée, à la faveur d'un état d'ivresse ou d'abandon «sortant de l'ordinaire». En réalité, je ne pourrai m'empêcher de me produire concrètement, pratiquement, selon ma «nature» propre, c'est-à-dire mon mode propre d'expression, et de la sorte je me trouverai à valoriser ce mode propre, mais comme ma conscience, en même temps, se réclamera de «grands principes» qui me sont extérieurs et de «valeurs intangibles» qui ne sont pas issues de moi, comme par ailleurs j'aurai séparé mon «travail» de mon mode le plus personnel de valorisation, je me retrouverai dans une situation objective d'*hypocrisie*. Je serai tel *et* tel mais jamais vraiment ce que je suis que je ne pourrai cependant jamais m'empêcher d'être, mais alors à la dérobée, toujours «malgré moi», maladroitement, à travers d'inexplicables sautes d'humeur et autres «travers» de mon «tempérament», tous ces termes tendant toujours à masquer et à entretenir du même coup un état intérieur de malaise et d'inadéquation.

Ce qui s'exprime ainsi de nous malgré nous se ramène à l'expression du corps, lequel ainsi n'est pas sans rapport avec les «valeurs», c'est-à-dire ce que pratiquement chacun valorise. Or ce corps n'est ni une chose à côté d'une autre ni un nœud inextricable d'impulsions. Quoique vécu, éprouvé à travers d'innombrables tiraillements, d'incessantes sollicitations, néanmoins des effets en découlent, des actes sont posés qui, irréductiblement, dessinent une figure particulière, engendrent une cohérence originale. Car le corps est actualisation et expression ; or il n'exprime pas n'importe quoi ni ne l'exprime n'importe comment. Il extériorise naturellement cette source dont l'esprit peut, s'il s'y efforce, saisir comme en un «éclair», l'orientation, la direction, bref le sens. L'intérieur en effet, c'est-à-dire la puissance idéative, ne se dissocie pas de l'extérieur, c'est-à-dire le corps ou la puissance expressive. Or on a toujours opposé le caractère limité et périssable du corps à l'exigence d'unité et d'infinité dont on parvenait par ailleurs à concevoir l'idée. C'est que l'on en restait à cette conception «chosiste» des corps comme «parties finies» juxtaposées dans la nature plutôt que de les approcher de l'intérieur comme puissances expressives et de les saisir en tant que totalités en acte. La civilisation actuelle a tout à fait hérité de cette conception du corps jusque dans son organisation économique. Celle-ci en effet ne repose-t-elle pas sur un ensemble de corps dissociés œuvrant sous l'égide de règles et de normes abstraites en vue d'une même Fin qui leur reste parfaitement extérieure? Si nous considérons le corps de l'intérieur à partir de ce qui le meut, de l'énergie inépuisable qui l'anime, de cette expressivité propre qui le constitue comme une totalité en acte, c'est-à-dire une unité toujours en train de se constituer en s'exprimant, une cohérence toujours en train de se former à partir des effets qui en découlent naturellement, nous nous rendons bien compte que le corps n'est pas étranger à l'Unité, car il est mû par elle en même temps qu'il y tend; mais cette Unité n'est jamais une fois pour toutes réalisée parce qu'elle est toujours en train de se produire à travers toutes les «œuvres» auxquelles les corps expressifs donnent naissance. Or les œuvres dont il est ici question, telle la toile du peintre, possèdent indéniablement leur cohérence propre, expriment sans conteste une unité mais qui était imprévisible avant qu'elles soient «inventées», créées. Que s'est-il donc passé? Le corps, épousé de l'intérieur par l'esprit, qui en saisit la tendance, prend forme à l'extérieur de lui dans une «œuvre» qui, en elle-même, tel un rejeton, possède unité et cohérence.

Mais l'œuvre qui réussit à prendre forme en vertu de cette puissance de transposition qui est la marque de l'esprit en nous n'est jamais à elle seule la Forme achevée ni l'Unité finale. L'effort est toujours à reprendre d'œuvrer à l'Unité à travers tout ce qui nous sollicite, non en vertu de quelque décret de l'esprit, mais naturellement, de l'intérieur même du corps en acte. Car, saisi de l'intérieur, comme puissance expressive, le corps n'est plus exilé de l'Un et voué à être réglé de l'extérieur, au contraire il se règle de lui-même et produit ainsi de l'Un comme expression de ce qui l'anime qui jamais ne s'épuise ni ne s'achève en une forme ou une œuvre définitive. Car que l'infini s'atteigne de l'intérieur même de l'expérience du corps s'expérimente non seulement en cette capacité de ressaisissement qui lui permet de se mettre en rapport avec une source ou une nécessité intérieure mais aussi dans le caractère inépuisable de cette source.

3. S'expliquer

La philosophie de Spinoza remet radicalement en question la conception que l'on peut se faire de la substantialité. La notion de substance renvoie à celle de «fond» plus encore qu'à celle de principe. Y a-t-il un «fond des choses» dans lequel il nous serait possible de trouver un «ancrage»? Et s'il y a un «fond des choses», d'où vient-il? A-t-il été «créé»? S'est-il auto-produit? Tel est l'enjeu de la discussion autour de l'unité ou de la dualité des substances. S'il y a un «fond des choses» qui nous est donné, ce «fond» ne saurait être auto-généré, il renvoie à un «arrière-fond» qui lui confère une garantie ultime. Mais, du même coup, ce «fond» avoue sa relativité et sa dépendance par rapport à autre chose que lui-même, autre chose dont il faut bien dès lors supposer que, doté d'une «volonté libre», il aurait, en vertu de quelque décision, «créé» ce «fond», qui se peut encore appeler «le monde», impliquant par là l'existence d'un Être antérieur à toute manifestation, ou, en d'autres termes, d'une «puissance» antérieure à toute «actualisation», c'est-à-dire à toute manifestation ou expression d'elle-même. Puissance dès lors «inerte», en quelque sorte «passive». La question qui se pose alors inévitablement est celle qui consiste à se demander ce que l'on peut connaître et affirmer d'une puissance qui ne s'exprime ni ne se manifeste. Nous est-il possible de connaître autre chose que ce qui se manifeste, et, soyons plus précis, qui se manifeste à nous humains, en tant que nous pensons et aussi sommes constitués d'une réalité corporelle? En d'autres mots, que peut-on connaître d'une «chose» ou d'un «Être» qui ne se manifesterait à travers aucun des «attributs» que nous reconnaissons comme existants parce que nous en sommes faits et qu'ils nous constituent? Qu'est-ce que l'Être qui ne se manifeste pas? Comme il est impossible d'en connaître et d'en affirmer quelque chose, comment ne pas supposer qu'il s'agirait d'une pure «projection» de notre imagination, destinée à satisfaire notre besoin de nous représenter l'«auteur» de ce qui est, à l'image de cet ouvrier qui est l'auteur de tel ouvrage, ou, plus profondément encore, de ce «géniteur» où l'on se plaît à identifier la «cause» de ce que l'on est, sans souci de ce que, du fond de ce désir de se donner ainsi une garantie identifiable, nous entachions d'imperfection, c'est-à-dire de relativité, le «monde» dans lequel nous vivons et du même coup l'intelligibilité de ce monde.

Si, en effet, l'on suppose que ce «monde», cette réalité dans laquelle nous sommes immergés, entendant par là aussi bien la réalité matérielle, celle des corps, que l'élément pensant hors duquel nous ne pouvons nous concevoir, a été «créé», on doit d'abord supposer qu'il «n'aurait pas été» avant qu'il apparaisse ou «commence» : c'est dire qu'il faudrait d'abord en affirmer le «néant» pour mieux ensuite en affirmer l'être. Du même coup, l'on doit recourir à l'idée d'une puissance créatrice nécessairement inerte avant cette manifestation «première» (par ailleurs inexplicable) qui à partir de «rien» aurait «créé» le «monde». C'est ainsi que la réalité de ce monde, l'essence même de ce qui est se trouveraient suspendues à ce qu'il faut bien appeler une «décision», au fond parfaitement arbitraire. Outre que se trouve ainsi supposés la relativité, mais, plus profondément encore, le néant de la réalité qui nous constitue, l'on entache d'imperfection l'être créateur lui-même, dans lequel on suppose de l'inertie et que l'on suppose capable d'une «décision» en rapport avec une fin qui, en même temps qu'elle nous reste inconnue, implique la dépendance de cette puissance «créatrice» à son égard. Ainsi, dans le désir qui nous habite de nous garantir de quelque fond, nous faisons l'étrange opération de saper le fond sur lequel nous nous appuyons parce que nous ne pouvons y échapper, de le néantiser, sans nous rendre compte qu'il s'agit là d'une entreprise de l'imagination qui nie totalement notre expérience concrète de même que tout ce à quoi l'on peut avoir accès et que l'on peut arriver à comprendre en vertu de cette puissance de compréhension qui s'appelle «intellect», dont nous sommes dotés. Car il est à vrai dire inconcevable de penser le «néant», la non-existence de l'«élément» (tel serait sans doute le terme le plus juste) dans lequel nous nous mouvons et auquel il est impossible et impensable que nous échappions : l'élément proprement «matériel» de notre existence et l'élément «pensant» puisque, comme l'écrit Spinoza, «l'homme pense», et, ajouterais-je, il parle, c'est-à-dire qu'il manifeste qu'il pense et qu'il pense ce qu'il dit, comme déjà l'écrivait Descartes, tout comme il serait inconcevable (si tant est qu'il se mettait à penser) à un poisson de supposer le néant de l'élément aquatique dans lequel il est immergé et hors duquel son existence est impossible.

Que l'Être soit, qu'il se manifeste à travers ce double élément, qu'il soit impossible d'en concevoir le néant, et que, par conséquent, rien d'autre, antérieur ou extérieur à lui ne soit concevable, tel est le point de départ de la pensée de Spinoza. Qu'est-ce à dire? Quel est donc le sens de cette «nécessité»? Il est certain qu'elle repose sur une double «confiance», d'abord dans la puissance même de la réflexion, nous dirions, sa positivité, ensuite en l'Être lui-même, et finalement, pourrait-on ajouter, en la capacité dont nous disposons d'«atteindre» l'Être par la Pensée. L'exercice de la réflexion nous conduit nécessairement à la reconnaissance d'un «irréductible» : il est impossible de ne pas admettre ceci, il est impossible que ceci ne soit pas tel et qu'il soit autre; à la reconnaissance donc de ce qu'il existe une «nature» des choses, comme il existe une «nature» de chaque chose. Qu'une chose soit telle mais pas autre, qu'il nous soit impossible de la penser autrement à moins de chuter dans la «fiction», c'est-à-dire de se livrer au délire de l'imagination, constitue l'irréductible sur lequel bute nécessairement toute activité de réflexion. Ce que l'on appelle le «principe de raison» n'est rien d'autre, et nous pensons qu'il est incontournable. En deçà de son affirmation première et principielle, aucune affirmation n'est possible, aucune parole ne peut s'énoncer. Quoi que l'on affirme et que l'on dise, on bute nécessairement sur cet irréductible, ce «noyau» : certes, l'on peut fort diversement «interpréter» mes paroles, mais il y a des limites à me faire dire autre chose que ce que j'ai dit. C'est ainsi que l'on atteint vite un «noyau» irréductible en deçà duquel plus aucune affirmation n'est possible, de telle sorte que l'on soit obligé de convenir à propos de tel ou tel «objet» : ou bien il a affirmé quelque chose qui n'est pas autre chose, ou bien il n'a rien affirmé. Le langage, en son essence même, implique une attitude «ontologique» de confiance en ce qui est : parler, en effet, c'est d'abord et essentiellement affirmer. C'est dire qu'une chose est telle et pas autre chose, c'est en nier le «néant» et, du même coup, la nature «chaotique». Or ce qui est ainsi affirmé de la nature d'une chose, ce qui donc se donne comme la «saisie» de ce qu'est une chose à la différence d'une autre, correspond à ce que l'on appelle une *idée*. C'est ainsi qu'il n'est pas de mot sans idée, pas plus, faut-il le dire, qu'il n'est d'idée qui, pour exister, ne doive être exprimée. Le mot est, en quelque sorte, la «chair» même de l'idée. Cette confiance essentielle qui est au fondement du langage est ainsi indissociablement confiance en la puissance de l'idée, en la capacité de saisie de l'essence d'une chose par la pensée qui met l'homme, en réalité, à distance de toute chose, comme elle est confiance en la capacité dont nous disposons d'exprimer adéquatement ce que nous avons ainsi saisi : confiance «naturelle» donc en la puissance de la pensée et en la puissance expressive qui correspond à ce qu'il faut bien appeler «corps», confiance aussi dans l'adéquation possible de la puissance de la pensée et de la puissance expressive. C'est cette confiance naturelle qui est au fondement de l'affirmation par Spinoza de l'existence de deux «réalités» également substantielles, qu'il appelle «chose étendue» et «chose pensante», lesquelles toutefois, quoique distinctes, sont indissociablement unies, en tant que manifestations d'une seule et unique réalité, dont l'existence est par ailleurs impensable autrement qu'en train de «s'exprimer» ou de «se manifester». Cette confiance en nous serait première et naturelle, puisqu'elle serait au fondement même du langage, et que l'être humain, s'il est inconcevable autrement que pensant, l'est tout autant autrement que parlant : confiance dans la nature une de l'Être, dans sa capacité de manifestation une, en dépit de sa double expression, mais conviction plus profonde encore de ce que l'Un non seulement ne se divise pas en s'exprimant distinctement, mais au contraire s'affirme et ne peut s'affirmer autrement, car exister c'est se manifester, et se manifester c'est se distinguer. Se manifester, ou s'exprimer, c'est porter le «dedans» vers le «dehors», c'est extérioriser l'«intérieur». Car chacun sait que ce qui n'est aucunement de la sorte porté au dehors ne saurait être dit existant, et que ce qui se trouve porté au dehors «se fait être» nécessairement de telle façon, à la différence de telle autre, et en ce sens, *se distingue*. Il est ainsi contenu dans le concept même de l'Être, si on l'entend à partir de l'expérience que nous faisons du langage, qu'il n'est d'être que se manifestant et se distinguant. Ainsi, l'être humain, s'il réfléchit à ce qu'il est en tant que pensant et parlant, se saisit un à travers une double expression.

Cette confiance toutefois, en même temps que nous ne pouvons, puisque l'homme parle, faire autrement que de la supposer «première» ou «originelle», se trouve en quelque sorte toujours déjà entamée par ce qu'il faudrait appeler avec Descartes le doute ou l'irrésolution. Ce n'est certes pas un hasard que Descartes accorde autant d'importance à «marcher avec assurance en cette vie» et à combattre du même coup toute tendance en lui à l'irrésolution et au doute. Si le doute devient méthodique, il faut supposer qu'il ne l'était pas au départ et que Descartes a fait d'une attitude existentielle une méthode, comme on fait de nécessité raison, la reprenant à son compte en toute conscience et la poussant à sa limite, afin d'en atteindre le fond et le surmonter de façon décisive par un acte de pensée radical qui est, en réalité, une affirmation, ou la saisie même de la capacité d'affirmation en l'homme en ce qu'elle a de plus essentiel. «Je pense, donc je suis» n'est rien d'autre que la formule même de cette affirmation dont on pourrait dire que Spinoza la «complète» ou l'«ajuste» en disant : «Je pense, donc je suis et je l'exprime nécessairement.» Ainsi, si Descartes va au bout du doute pour le transformer en une affirmation irréductible, ce qu'il affirme, c'est la confiance naturelle de l'homme en sa capacité de penser, entendue comme capacité de former des idées, mais il l'affirme (ce faisant, l'exprime), en niant l'impossibilité même d'une affirmation pensante qui ne soit pas exprimée. Certes, Descartes est celui-là même qui affirme voir dans le langage ce qui manifeste le mieux la différence de l'homme et de l'animal, mais, dirait-on, en étant tellement attentif à ce qui dans le langage pose cette différence, soit cette capacité d'«entendre» ce que l'on dit lorsqu'on le dit, qu'il néglige ce qu'il y a d'essentiel dans la nécessaire «matérialisation» de l'idée en sons et même en gestes, et que l'on ne saurait rien dire d'une idée si elle n'était exprimée et si nous n'étions intérieurement convaincus de la possibilité de son expression adéquate. D'ailleurs, comment, autrement, pourrait-on rendre compte de formules telles que : «Je ne trouve pas le mot juste», ou encore, «Voilà exactement ce qu'il fallait dire»? Toute mise en doute de la possibilité par le langage de saisir l'être même des choses et de l'exprimer adéquatement n'a jamais ébranlé profondément cette conviction parfaitement naturelle.

Mais comment, dès lors, rendre compte de ce que cette confiance ait pu être entamée et puisse être entamée au point de penser, car c'en est la manifestation philosophique, que la capacité exprimante, c'est-à-dire la réalité en acte du corps, soit moindre, c'est-à-dire d'une perfection moindre que celle de la pensée? Si, en effet, se trouve au principe du langage cette confiance naturelle en la positivité de l'Être, le doute, l'irrésolution, le tâtonnement, l'hésitation, la quête souvent insatisfaite du «mot juste» semblent l'entamer. Il est remarquable que la confiance en l'idée domine la tradition philosophique occidentale depuis Platon en même temps que la considération du corps comme une entité moindre, imparfaite, voire chaotique. Ce dualisme est-il indissociable de l'affirmation du principe de raison ou n'en est-il qu'une manifestation première, pour ne pas dire primaire? La découverte par l'homme de la puissance créatrice de l'idée, de sa capacité de retournement de la vision première des choses, telle qu'on la trouve chez Socrate à travers les dialogues de Platon, est au principe même de la philosophie occidentale. Elle structure un «regard» sur les choses qui, d'emblée, privilégie leur nature intime au détriment de ce qu'on appellera «les apparences». Cette attitude nous paraît indissociable d'un effet d'éblouissement et en même temps, d'un sentiment de puissance éprouvé par les premiers philosophes à l'égard du surgissement de l'idée et de l'expérience de «conversion du regard» qui en est indissociable. L'homme, par la pensée, en effet, traverse les «apparences», mais ce qu'il traverse en réalité, c'est son premier regard, qui en reste aux «apparences», c'est-à-dire à la manière dont la chose lui apparaît de prime abord, laquelle est toujours biaisée et de la sorte faussée. Pourtant, comment la saisir autrement qu'en passant par son «apparaître»? Mais la confusion ne vient-elle pas de ce que la manière dont la chose m'apparaît de prime abord est identifiée au mode d'apparition même qui est propre à la chose? Certes, ma première vue est faussée, mais si l'idée m'en fait saisir le sens et de la sorte retourne ma première vue, ne m'en fait-elle pas du même coup apparaître la chose en son mode d'apparition réelle? Mais la saisie de l'essence de la chose, de sa «définition», renverse à tel point mon premier regard qu'il m'apparaît de prime abord que cette essence se trouverait hors de toute manifestation, et, dès lors, pouvant être rapportée à un monde des essences préexistant depuis toujours aux choses en leur apparaître singulier. De la sorte, certes, l'on procède à une déréalisation des choses, que l'on dévêt en quelque sorte de leur réalité charnelle, comme si elles pouvaient être en dehors d'un mode spécifique d'apparition ou de manifestation. Or la saisie de l'essence d'une chose n'est-elle pas compréhension du même coup des vrais effets qui découlent de cette chose, de la *réalité* de son mode d'apparition et de ce qu'il est indissociable de ce qu'elle est? Être pour une chose, n'est-ce pas nécessairement apparaître d'une certaine façon plutôt que d'une autre? Comme «Dieu» n'est pas hors de ce qui le manifeste et qu'il ne pourrait exister autrement qu'il ne se manifeste, n'en est-il pas de même de chaque chose qui ne saurait être autre qu'elle n'est, c'est-à-dire exister autrement, apparaître autrement, et produire d'autres effets que ceux qu'elle produit, ces effets étant indissociables de sa nature, au sens précis où cette dernière ne pourrait exister hors de ces effets? De même, lorsque Descartes affirme : «Je pense, donc je suis», la formule lui vient en même temps que l'idée, plus encore, l'idée n'est nulle part ailleurs que dans la formule qui, particulièrement heureuse, c'est-à-dire en fait adéquate, en répercute la puissance inépuisablement. Mais il y a un éblouissement de l'idée, c'est-à-dire un aveuglement : la «conversion du regard» est indissociable d'une expérience d'«irréalisation» de la chose qui aveugle sur la nature du processus en cours, en même temps qu'est vécue l'expérience d'un sentiment de puissance, d'une «montée de puissance» qui, aisément, laisse croire à la capacité de s'extraire du tissu matériel des choses comme de son propre corps. C'est toutefois négliger de prêter attention à ce que l'expérience de l'idée ne se dissocie pas d'un certain état du corps de celui à qui elle advient. On identifie souvent cet état, à partir de Socrate, de Descartes, et de toute une tradition «stoïcienne», à un état de «calme des passions». Certes, le penseur, ou chaque homme en tant qu'il pense, doit se trouver en un certain état d'équilibre, qui s'entendrait ainsi : n'être pas, à l'excès, absorbé par une passion ou une impulsion; mais cet état d'équilibre n'est rendu possible, comme Nietzsche le fera apparaître, que par une situation ou conjoncture impulsionnelle marquée par la domination d'une impulsion sur les autres :

c'est d'ailleurs cette domination qui sera ressentie par l'individu comme sentiment de puissance. Ainsi, cet état d'équilibre correspond-il en réalité à un état d'«exaltation» ou d'«enthousiasme» répandu dans tout le corps, fort éloigné en ce sens de l'état de détachement tant prôné par de nombreux philosophes.

Nietzsche a raison de le souligner : il n'est pas de savoir désintéressé. Tout penseur, si désintéressé qu'il se croie, est en réalité éminemment intéressé, dominé par une passion à son insu. Mais si cette passion l'emporte naturellement sur les autres et fait «la paix entre les passions», elle se fera sentir comme «enthousiasme» ou «tension exaltée», ce qui, par ailleurs, est également très éloigné de toute forme d'excitation. Certains commentateurs prennent plaisir à souligner le drôle de paradoxe d'un auteur comme Descartes, grand héros de l'«idée claire et distincte» dont la «carrière» philosophique est inaugurée par des nuits d'enthousiasme traversées de rêves qu'il s'empresse de noter, nuits qui décideront de sa «vocation». Il n'y a là nul paradoxe, si l'on y réfléchit : la saisie de ce qui est, la compréhension véritable de la nature d'une chose sont indissociables d'un état d'enthousiasme correspondant à une hausse de tension, qui vient de ce qu'une impulsion assurant sa maîtrise sur les autres, un sentiment de puissance se répand dans tout le corps. Évidemment, parvenus à ce point de vue, ne serons-nous pas entraînés, suivant Nietzsche lui-même, à ramener, c'est-à-dire à réduire l'expérience de l'idée à celle d'un état du corps? Ce serait tomber dans le piège inverse de celui où sont tombés, entre autres, Platon et Descartes. Si l'expérience de l'idée est bien indissociable d'un état dans lequel le penseur, loin d'être hors de son corps ou à côté de celui-ci, coïncide avec son mode d'apparition le plus adéquat, sa manifestation la plus équilibrée, elle n'en correspond pas moins à l'expérience intellectuelle de la saisie de la vraie nature d'une chose, de son essence indivisible. C'est ainsi que le penseur, en même temps que l'attention de sa pensée reste portée sur l'idée qui advient, ne s'en trouve pas moins dans un certain état du corps dans lequel celui-ci exprime le plus adéquatement sa vraie nature, état dans lequel la puissance propre de ce corps se trouve diffusée le plus «également» possible dans ses diverses zones.

4. Se ressaisir

Peut-on se concevoir sans cause, et concevoir quoi que ce soit sans cause? Il est aisé de réfuter le principe de causalité en invoquant l'impossibilité de transposer à l'échelle de la Nature le rapport particulier qui unit un rejeton à son géniteur. Mais le rapport de causalité n'en renvoie pas moins à une exigence de l'esprit humain qui est indissociable de l'exigence de compréhension et d'explication. On aura beau tenter de saper le principe de causalité en invoquant son simplisme et son réductivisme, on n'en continuera pas moins, le plus naturellement du monde, d'y recourir quotidiennement pour expliquer, à soi ou à quelqu'un d'autre, tel ou tel phénomène : «c'est la raison pour laquelle», «c'est pourquoi», «pourquoi dis-tu cela?» : autant de questions incontournables que chaque jour nous ramène sans relâche. Dès lors, à quoi sert de réfuter ou de saper ce à quoi le plus ardent réfutateur ne cessera lui-même de recourir, jusque dans sa réfutation? Le réfuter est vain, et encore là, nous nous heurtons à un noyau irréductible : il faut plutôt «s'enfoncer» à l'intérieur du principe de causalité pour le saisir en son essence même et débusquer la confusion qui peut s'y loger.

«On ne peut tout expliquer», me dira-t-on, «il faut consentir à l'inexplicable», plus encore, faire ressortir à quel point l'explication réduit notre expérience, dans toutes ses nuances et ses subtilités. Pourtant, l'on n'en cessera pas moins d'essayer d'expliquer, y compris d'expliquer pourquoi tout n'est pas explicable. Il faudrait peut-être simplement convenir de ce que, lorsque nous mettons en cause le principe de causalité, nous mettons en cause une certaine formulation, un certain usage tout en nous réclamant en pratique, malgré ce que nous pouvons invoquer, sinon d'une autre explication, du moins d'une autre compréhension du principe de causalité. Spinoza, dans les premières propositions de *L'Éthique,* tente d'expliquer que lorsque nous pensons à la nature même de Ce qui est, lorsque nous tentons de le comprendre, nous ne pouvons éviter de recourir à la notion de substance. Ce qui revient à dire : il y a quelque chose dont est constitué Ce qui est, il y a un «fond», ou, si l'on préfère, du «fondement», du «constituant». Nous existons tout de même, nous ne sommes pas rien, dès lors nous sommes bien faits, constitués de quelque chose dont nous ne sommes pas les auteurs, qui nous préexiste toujours déjà. En d'autres mots, si nous sommes, ce dont quand même, depuis Descartes, nous savons que nous ne pouvons douter, nous sommes faits de quelque chose qui ne vient pas de nous. Telle est la source réflexive de l'idée de substance : «Nous ne sommes pas rien, ni faits de rien.» C'est pourquoi Descartes et Spinoza tiendront tant à affirmer que le vide, étant inconcevable, n'existe pas. La confiance en l'Être, en l'être que nous sommes, et en l'Être qui nous fait ce que nous sommes, est incompatible avec l'affirmation du vide, outre ce qu'il y a de contradictoire, c'est-à-dire d'inintelligible à affirmer qu'existe ce qui, par définition, n'est rien.

Certes, me dira-t-on, mais ce que nous sommes nous échappe, l'expérience de l'angoisse nous révèle le vide qui nous habite; ce qui en nous sans cesse nous échappe est insaisissable et incompréhensible. La Nature elle-même ne repose-t-elle pas sur un fond d'obscurité, et notre compréhension de la Nature ne bute-t-elle point sur l'un des points de cette circonférence dont Nietzsche disait que l'homme de connaissance s'y heurte toujours finalement pour avouer ou admettre ce qu'il y a d'inexplicable, la zone d'ombre qui toujours nous échappera? Bien sûr, comment nier cette expérience de ce qui m'échappe, de l'angoisse, de ce que Descartes, quant à lui, appelait le doute et l'irrésolution? Inévitablement, sans cesse, je perds ma belle assurance, tel phénomène, sans cause apparente, m'effraie, je me sens hésitant, combien de fois n'ai-je pas éprouvé en moi ce vacillement qui ébranle ma raison elle-même? Et combien de fois, par ailleurs, n'ai-je pas perçu à quel point les explications que l'on me donnait étaient superficielles et réductrices? Présentement, puis-je me dire, j'écris, et incontestablement, cette écriture m'échappe : par elle, je tente désespérément de conjurer l'angoisse d'un vide en moi, et je n'y arrive jamais qu'imparfaitement, car c'est toujours à recommencer. L'approche de l'exigence d'écrire se signale toujours par cet état de perte de tous moyens, par ce sentiment d'abandon et de déréliction, du sein duquel j'éprouve dramatiquement le manque de fondement, et le manque décisif de toutes références. Si je sens que j'ai quelque chose à dire, sans cause ni raison, et que seul moi puis le dire, si je sens même que tout rapport à la référence entrave mon dire et bloque mon expression, me voici renvoyé à cet insaisissable état de vacillement intérieur où s'éprouve le manque de fondement. On aura beau dès lors me représenter qu'il existe une réalité substantielle, et même qu'elle me produit, comment en serais-je convaincu? Je ne verrai là qu'abstraction creuse, ou encore, du fond de ce qu'il faut bien appeler mon désespoir, je clamerai ma douleur, appelant de tous mes vœux qu'un Être supérieur me sauve par son Amour infini, par-delà ce monde si imparfait et cet être que je suis, si insuffisant, si ma foi en lui est assez forte. Mais je reste dès lors suspendu à sa grâce, suprême aléa, qu'il ne saurait, je crois, me refuser, si je l'invoque et me plie à sa Volonté suprême : «Ô mon Père, qui êtes dans les cieux, suppléez, je vous prie, au manque de fondement de cette Réalité si imparfaite, qui ne tient son être que de vous, ainsi que moi, votre humble créature.» Cet appel à être fondé par-delà ce qui est, de façon absolue, que je lance du fond de mon angoisse, ne repose que sur ma foi. Mais du même coup, cette foi que je transpose en cet Être au-delà de moi et de tout ce qui est, pariant sur l'inconcevable plutôt que sur le concevable, sur l'insaisissable plutôt que sur le saisissable, sur le Mystère plutôt que sur le connaissable, cette foi, je la retire aux choses qui m'entourent, je la retire à ce Monde dans lequel je suis, je la retire à cela qui, en moi, peut-être, si j'y crois justement, se révélera comme pouvant me donner ce fondement auquel j'aspire.

Mais je puis aussi, du fond de cette angoisse, refuser de recourir à cet Autre, cette grande Cause qui me fonderait, et approcher plutôt l'existence comme une errance sans cause ni destination à laquelle je n'aurais d'autre choix que de consentir comme l'on consent à la douleur du monde afin de pouvoir mieux ensuite consentir à sa joie. Dès lors, je proclame la relativité de mon effort de connaissance, le caractère essentiellement fuyant et mouvant de mon être, l'éternel devenir et recommencement de ce qui est, mais ainsi, d'une autre façon peut-être plus décisive encore et plus tragique, je me retire de *ce* monde et du commerce des hommes, en tant que tous ces hommes, malgré qu'ils en aient et souvent confusément, tentent toujours de comprendre et d'expliquer, construisant des sociétés et des civilisations qui, de par leur existence même, nécessairement postulent l'intelligibilité de ce qui est et l'impossibilité du manque de fondement. Car je continue de vivre parmi des hommes qui croient plus qu'à tout et en dépit de tout ce qui sans cesse la contredit ou la nie, à l'existence, à sa positivité, à son intelligibilité. Le pari que j'ai fait, m'isolant toujours plus non seulement des autres hommes mais plus encore peut-être de moi-même en sa source la plus profonde, me condamne à une dissociation interne, qui s'exprime finalement dans l'exclusion la plus totale, la Folie. On pourra toujours entreprendre de s'approcher de ce monde de la Folie pour en sonder les profondeurs et en explorer l'abîme, la plupart des hommes, y compris ces explorateurs eux-mêmes qui n'auront peut-être pas l'honnêteté fondamentale et le courage de Nietzsche, n'en continueront pas moins d'exister en faisant chaque jour par chaque parole et chaque acte dans lesquels néanmoins ils s'engageront, le pari de l'intelligibilité de ce qui est et de sa positivité fondamentale.

Cependant, je n'en refuse pas moins de me plier à ces explications faciles et à ces pseudo-raisons que l'on invoque autour de moi. Je ne sais que trop qu'elles ne sauraient rendre compte de ma singularité qui leur échappe et les déjoue. Dès lors, comment ne serais-je pas tenté de la croire et de la proclamer injustifiable, sans fond ni raison? Pourtant, présentement, j'écris, et je ne sais ni pourquoi je le fais ni à qui je m'adresse, moins encore à quoi ou à qui je m'en remets ou me réfère. À Spinoza, me rétorquera-t-on. Certes, je ne le nierai pas, mais alors il faut comprendre que se référer à Spinoza, ce n'est rien d'autre, si on le comprend bien, que d'être finalement renvoyé à soi-même. À soi-même, voilà justement où nous en sommes : de quoi donc s'agit-il? Écrivant, en même temps que je suis livré à l'incertitude du dire, à l'hésitation quant aux mots et à la manière de les ordonner, à l'absence de but et de finalité, puisque je ne suis que peu de chose, à peine quelqu'un, vivant dans un pays reculé et inconnu, destiné à n'être lu que par une poignée d'individus, néanmoins je fais confiance à *cela,* inexplicable, au fond de ce que je suis, qui me meut. Et lorsque je consens à détacher mon attention de tous les objets et de toutes les paroles inessentielles qui la sollicitent à tout instant, je parviens à atteindre, comme on atteint la source, ce mince filet qui, de l'intérieur, coule sans interruption et qui parfois se fait entendre comme une petite voix, à peine audible, mais suffisamment tout de même pour être entendue lorsque le silence se fait. C'est ainsi qu'à la faveur de ce silence, je me rends compte que ça pense, que ça parle et que ça peut s'exprimer, c'est-à-dire prendre une forme à l'extérieur de moi dont je saurai comme «par instinct» qu'elle est juste, adéquate, correspondant bien à ce que «je cherche à dire», quoique sachant que ce «je» lui-même est au service de ce dire au départ quasi muet auquel il donnera forme lorsqu'il lui adviendra. Certes, je dois en convenir, rien d'extérieur à moi ne me fonde, je ne le sens que trop lorsque je m'abîme en moi-même, abandonné à ce qui m'échappe *comme si* s'effondrait tout ce qui est. En ce sens, j'en conviendrai encore, il n'est pas de Vérité préalablement définie dont je serais le porte-parole, il n'est pas de «Créateur», de «Père» auquel je puisse avoir recours, mais au fond de mon être, ce n'est pas le chaos que j'atteins mais une source qui coule en permanence dans une certaine direction.

Si je m'en remettais à un «Créateur», c'est par Lui que je devrais passer pour avoir accès à moi-même, par Sa parole, par Sa loi déjà proclamées. Je ne trouve en moi Personne qui m'enseigne ce qu'il faut dire et faire, et pourtant de moi-même je n'en sais rien. Toutefois, lorsque je me rends attentif à cette voix à peine audible au cœur du silence de mon être, je m'approche avec une assurance qui peu à peu s'accroît de la connaissance de ce qu'*il me faut* dire ou faire, comme je puis arriver à savoir si je suis parvenu à le dire ou à le faire adéquatement. C'est ainsi que, intimement, je fais l'expérience qu'il y a *de la loi,* qu'il existe une direction à côté de laquelle je sens que je n'ai pas le droit de passer, et non pas le chaos. Mais cette loi n'est pas depuis toujours déjà énoncée, elle est sans cesse en train de s'énoncer, avec patience mais avec détermination. Je ne puis en devenir conscient que si je m'y rends attentif et que si, indissociablement, je tente de l'exprimer.

De la sorte, j'arrive à comprendre ce qu'enseigne Spinoza lorsqu'il parle d'une causalité immanente aux choses et aux êtres qu'il distingue d'une causalité transitive. La causalité transitive en effet se donne de l'extérieur une fois pour toutes : Dieu a créé le monde et l'homme en un geste soudain pour ensuite les abandonner à eux-mêmes, l'homme n'ayant dès lors pour le guider que ces Lois éternelles descendues du Ciel dans le fracas du tonnerre. Par opposition, la causalité immanente dont parle Spinoza ne préexiste pas à ce qu'elle produit. Elle existe et elle agit à l'intérieur même de la chose ou de l'être. Ainsi, s'il est question de l'homme, elle n'exigera pas de lui qu'il se mutile en renonçant à son corps qu'elle anime autant que cette capacité idéative que l'on appelle esprit.

Certes, ce corps est source d'imperfection en ce qu'il tend à se fondre aux autres et à se confondre avec les autres, mais au bout de cette tendance, il trouve en lui assez de ressource pour se ressaisir : alors, se saisissant lui-même de par son centre, il advient à ce qu'il est et trouve à le manifester par une juste expression. Par ailleurs, que l'homme pense signifie qu'il peut saisir par un acte intellectuel ce qui de lui-même est ainsi parvenu à se ressaisir. S'il arrive bien à mon corps de s'égarer, ce n'est point là faute ni empêchement mais recherche sur la voie de son expression. Car il est ce à travers quoi en moi cette source s'exprime, en même temps que, par la pensée, je la saisis en cet éclair qui s'appelle *une idée*.

Ainsi attentif à mon expérience, je découvre bien en moi une causalité, mais elle est immanente, intérieure, elle est cette source qui n'existe pas hors des choses et des êtres qu'elle anime, lesquels aussi bien sûr ne sont rien sans elle. C'est en ce sens qu'elle est toute expression et que les choses n'existent qu'en tant qu'elles s'expriment. Aussi, si l'on peut dire d'une chose ou d'un être qu'il est bien ce qu'il est et rien d'autre, si donc on peut saisir l'essence par la pensée, ce n'est pas tant en vertu d'une quelconque prédéfinition que parce qu'on affirme la possibilité de se mettre en rapport à travers toutes les manifestations de cette chose ou de cet être avec la source dont elle ou il est l'expression : ainsi remonte-t-on des effets à la cause, de l'existence à l'essence, en remontant des manifestations à la source. Qu'en est-il donc de la «volonté»? C'est à propos des hommes, on le sait, que la question se pose. Nul n'échappe aux effets qu'il produit, nul n'existe hors de ce qu'il manifeste, plante, pierre, animal ou homme. Si la conscience, propre de l'homme dit-on, est bien ce filtre unique qui permet toutes les métamorphoses, n'est-elle pas aussi cette «capacité» de nuisance qui brouille et rend confuse l'expression? Dès lors, la «volonté» n'est-elle pas plus parfaite lorsqu'elle se tait et consent?

Ainsi mon être n'est ni sans fondement ni sans cause. Mais il n'est point tel en vertu d'une Loi extérieure qui le prédéfinirait, mais d'une Loi intérieure que je découvre en me rendant attentif à cette source qui agit en moi et tend sans cesse à s'exprimer. Du sein de cet effort auquel je consens, abandonné et confiant, aveugle et lucide, je puis me rendre compte qu'il y a bien quelque chose et non pas rien, qui de plus cherche à s'exprimer, se former, se dire, et que ce n'est pas autre chose, que ce ne pourrait pas l'être, mais bien *cela* que j'ignore et découvrirai lorsqu'il prendra forme à l'extérieur de moi, de telle sorte que je puisse me dire : «ça y est, j'y suis» ou encore «non, je n'y arrive pas, encore un effort». Il y a quelque chose, il y a toujours quelque chose qui cherche sa voie vers l'extérieur, et il n'est pas d'autre grandeur de la conscience que de le reconnaître. Ce quelque chose est iné-puisable en même temps qu'il est indivisible. Certes je pourrai me dire un jour, un peu las : «si je me donne trop ou m'abandonne sans réserve à ce qui ainsi me meut, je vais m'épuiser, je n'aurai plus rien à dire», et pourtant, c'est le contraire qui se produira : plus je donnerai et m'abandonnerai, m'habituant à faire confiance à cette source, plus j'apprendrai que, jamais, elle ne me fait défaut, mais qu'au contraire iné-puisablement elle se régénère.

Si donc il y a toujours quelque chose à dire, une Parole toujours prête à se livrer et à se délivrer, il n'est pas vrai que je sois abandonné au vide et au chaos, égaré, errant au cœur de mon être, car je sais que je puis, autant par un effort ex-trême d'attention de l'esprit qu'en vertu d'une tension de toutes mes énergies, parvenir à «me retrouver», «me ressaisir» et trouver la juste expression. Le paradoxe étant que je n'at-teins ce qui ainsi me fonde et me cause qu'en m'éloignant de toute Référence, de toute Causalité extérieure, de toute Loi déjà énoncée. Dès lors, je consens à livrer passage à la Parole et à la Loi invisibles et anonymes qui, inépuisablement, consti-tuent, forment, organisent toutes les choses qui sont, depuis toujours et pour toujours. Cette Parole, personne ne l'a pro-noncée, cette Loi, personne ne l'a énoncée, avant que, par moi, en cette écriture, présentement, par exemple, elle advienne presque à mon insu et à mon grand étonnement. Demain, il faudra recommencer. Heureusement.

ÉPILOGUE

L'étrangeté de la raison

1. Vouloir

«Vos propres sens, écrit Nietzsche, voilà ce qu'enfin vous devez penser. Et ce que vous nommez votre monde, voilà ce qu'à partir de vous-même vous devez créer : que cela devienne votre raison, votre image, votre vouloir, votre amour[1]!» Le créateur est celui qui s'engendre lui-même à travers ses œuvres : aussi, un peu plus loin, dans ce même texte du *Zarathoustra* qui s'intitule «Aux îles Fortunées», Nietzsche écrira-t-il : «Pour que celui qui crée soit lui-même l'enfant qui vient de naître, pour cela il faut aussi qu'il ait vouloir d'être la parturiente et la douleur de la parturiente[2].» Aussi n'a-t-il de cesse de s'engendrer ainsi à nouveau, de naître et de mourir à lui-même, c'est-à-dire à ce qu'il était, à ce qui, de lui, est déjà advenu. Il n'est point d'autre «identité», d'autre «réalité» que celles qu'il se donne ainsi : c'est dire que, s'il se reconnaît, c'est dans cela même qui lui aura échappé, lui échappe et lui échappera à nouveau, cet autre qu'il porte en lui, qu'il est, mais à cette condition qu'il meure pour le faire advenir. Cette réalité, cette identité déconcertante qu'il se donne à travers ce qu'il crée, viennent à lui, lui adviennent dans un état où sa conscience lucide, celle-là même qui ordonne et s'institue maître d'œuvre du réel, s'est en quelque sorte absentée : «... ce qu'il aura voulu, écrit, parlant de l'homme, Pierre Klossowski, dans son introduction au *Gai Savoir,* aura toujours été l'accomplissement de ce qu'il pensait ne pas vouloir[3]».

Absente, cette conscience, en quel sens l'est-elle? Distraite? Envahie? Possédée? Un peu tout cela, mais au sens où l'on dira de quelqu'un qu'il est «dans la lune», évoquant par là l'étrange pouvoir des rêveries diurnes, ces évasions sans motif, pourtant si fréquentes qu'il arrive bien rarement que l'on y porte attention. Et pourtant... n'y peut-on observer le surgissement, la discrète advenue d'une bien vieille et bien fascinante mémoire : «autres temps, autres mœurs», répète la sagesse populaire, «autres temps» qui, du fond de mon passé, me reviennent, rappelant à ma conscience doucement somnolente les étranges mœurs et images de mon enfance! «Ô vous, écrira Nietzsche, de ma jeunesse visages et apparitions! Ô vous tous, regards d'amour, instants divins! Pour moi si vite vous mourûtes! De vous il me souvient ce jour d'hui comme de mes morts[4].» Le créateur n'est-il pas celui qui ramène aujourd'hui ces «instants divins» de l'enfance, autrement condamnés à rester enfermés dans les tombeaux de la mémoire, et qui, en ce sens, ressaisit ces bribes de mémoire, malgré lui advenues ou revenues, envers et contre ces «ennemis», les autres, les bornes du réel, qui tendent à leur dénier toute importance, c'est-à-dire toute réalité? Ce ressaisissement, en vérité, n'est guère plus conscient que ne le fut l'échappée, cette évasion hors du temps : mais il advient avec la sûreté de l'instinct de celui qui, au bord de l'abîme, soudain *revient à lui-même,* l'abîme dont il s'agit ici se trouvant être celui de la mémoire, de cette autre mémoire que Proust disait «involontaire». C'est à ce moment du ressaisissement que correspond l'avènement du vouloir dont parle Nietzsche : «Oui, certes, écrit-il, il est en moi quelque chose d'invulnérable, d'inensevelissable et qui perce le roc : et c'est ce qui se nomme *mon vouloir.*» Et, s'y adressant, il lui dit : «En toi survit aussi ce qui de ma jeunesse ne fut racheté...», «... je te salue, ô mon vouloir! Et seulement où sont des tombes, là sont aussi des résurrections[5]!» Mais ce vouloir qui, au bord de l'abîme, revient et rachète les souvenirs lointains, à travers lequel mon être se ressaisit et advient à lui-même en accouchant de ces quelques traces dont l'œuvre se tisse, ce vouloir, disions-nous, traverse la conscience tel un éclair, pour reprendre l'une des métaphores les plus insistantes du *Zarathoustra,* s'empare, se saisit d'elle, la projetant dans un état quasi somnambulique qui en fait d'une certaine façon l'instrument, la main et l'œil — cet œil illuminé du mystique — du corps voulant. La conscience se trouve ainsi aveuglée par une étrange lucidité qui lui permet de traverser, tel un éclair ultra-lumineux, un rayon ultra-puissant, toutes les couches du réel. Il faut le dire toutefois, cette extrême lucidité n'est pas tant celle de l'arpenteur qui prend les mesures de ce terrain qui est là, devant lui, que celle de ce génie stratégique qui sait inventer dans l'instant les manœuvres qui s'imposent pour prendre à revers l'armée ennemie, la déjouant dans ses attentes et ses plans. Elle est aussi celle de l'artiste qui «voit», sans rien distinguer, le paysage qui s'offre à lui : il voit certes, mais d'une autre vision, enveloppé dans cette «nuée» à propos de laquelle Nietzsche écrit : «Tout ce qui vit a besoin de s'entourer d'une atmosphère, d'une auréole mystérieuse[6]», et qui le soustrait au poids inhibiteur de la réalité historique qui s'achève en cela, justement, qui est là, bêtement là, devant lui.

C'est dire qu'un «autre monde», un «hors-temps», se trouve ainsi proprement inventé, inauguré par la conscience qui se ressaisit ou, ce qui revient au même, qui est saisie par une intensité de vision exceptionnelle, sous l'empire d'un vouloir qui lui échappe. Mais cet hors-temps, cet autre monde, qui, littéralement, lui *apparaît,* n'est atteint qu'au bout d'une longue attente, souvent décevante, et au fil d'une attention qui, quoique discrète et même distraite, n'en est pas moins restée extrêmement rigoureuse. Ce que l'on appelle *esprit* n'est-il pas cette étrange puissance métamorphosante, capable de cette attention distraite qui, sans qu'il y paraisse, sans cesse sélectionne, exclut pour élire à cette extrême limite où elle n'est plus elle-même qu'en étant totalement hors d'elle-même. Plus elle-même, certes, en ce sens courant où l'on entend par «esprit» la conscience lucide qui mesure et calcule, mais plus elle-même que jamais en ce sens où elle atteint alors une étonnante, une très déconcertante acuité. Nous parlons donc ici de cette inconscience hyper-lucide qu'il ne faut à aucun égard confondre avec l'inconscience du rêve nocturne ni avec celle des fantasmes et autres mises en scène encore trop réelles, mais qui, comme nous le suggérions, trouve sa source plutôt dans les rêveries diurnes et son plein avènement dans la vision créatrice, cette vision qui, loin d'être contemplative, est action et expression. Nous parlons donc de l'inconscience qui exprime et agit, de celle qui crée, et, de la sorte, se porte loin au-delà du réel, au-delà de ce qui est là-devant, dans ce qu'il faut bien appeler l'à-venir, qui n'est autre, comme nous venons de le voir, que le retour inopiné de ce qui fut.

«Esprit», avons-nous dit, ayant à l'esprit justement ce passage du *Zarathoustra* : «Esprit est la vie qui dans la vie elle-même tranche : de son propre tourment s'accroît son propre savoir, — déjà le saviez-vous[7]?» C'est ainsi que l'esprit est au service du vouloir qui œuvre au sein de la vie, mais comme ce qui, de l'intérieur même de la vie, tranche, c'est-à-dire sélectionne, exclut et rend possible l'advenue de telle réalité en dehors de toute autre. Telle est la nature de son activité réfléchissante, non pas passif reflet, une fois pour toutes advenu, mais acte même de ce qui porte à l'expression ceci plutôt que cela, et, de la sorte, incontournablement, l'impose, envers et contre toutes les complaisances de la sensibilité. C'est en ce sens que l'esprit est l'organe de l'un ou de l'unité, en ce qu'il est cette ressource intime de la vie qui dit oui à ceci plutôt qu'à cela et permet ainsi à telle saisie du réel, à telle vision, de s'imposer aux autres.

Ainsi le vouloir du vivant advient-il en tant que saisie par la conscience obnubilée, l'«esprit», d'une exigence qui la dépasse et lui échappe mais à laquelle, néanmoins, elle consent à se plier. C'est précisément cette saisie réfléchissante qui «aiguise» la volonté, lui donne son tranchant en l'extrayant et la dégageant de ce qui n'est pas elle que l'on appellera «esprit».

En tant que cette instance réfléchissante en vient à consentir au retour sans cesse ni relâche de ce vouloir et à la nécessité de toujours s'y plier à nouveau, elle devient l'expression d'une loi impérieuse et, en ce sens, advient pleinement à elle-même. C'est donc en tant qu'il est commandé par la loi du retour de cette exigence de la volonté et de la nécessité de toujours la réfléchir à nouveau qu'advient ce qu'il est convenu d'appeler «esprit» : il advient à lui-même dès lors comme *idée,* qui s'entendra ainsi de cette pure saisie d'une impérieuse nécessité qui s'impose comme une loi à laquelle aucune dérobade n'est possible. C'est dire que c'est, d'ailleurs, d'en dehors de lui que l'esprit advient à lui-même comme idée, comme c'est d'en dehors d'elle que la volonté se trouve pleinement révélée à elle-même.

On pourra ainsi également appeler «idée», avec Spinoza, l'«acte de comprendre», indéfiniment réitéré, jamais une fois pour toutes advenu; par «acte de comprendre», on entendra toujours la saisie d'une nécessité qui s'impose, et du retour de cette nécessité, en tant qu'aucun acte de comprendre, aucune idée, jamais, ne l'épuise. Dès lors, s'appellera *raison* cet effort indéfiniment réitéré de comprendre et de saisir, mais aussi la trame que les idées de la sorte advenues, comme les crêtes de vagues n'ayant de cesse de faire retour, tout naturellement, tissent comme un mince fil qu'il est possible de suivre, «fil conducteur», dira-t-on, car il mène quelque part, mais c'est un quelque part sans visage qui n'existe pas encore, et toujours revient de loin, de loin en arrière : c'est un port que l'on ne fait qu'entrevoir sans jamais y accoster.

2. Concevoir

Or, au fil de la succession des époques qui forment ce vêtement sans coutures qui se nomme «histoire», ce que l'on appelle «idée» et cette trame, si subtile qu'elle est invisible au premier regard, qui se peut appeler «raison», se sont trouvés confondus avec un ensemble de normes et de principes déjà donnés auxquels le prétendu et bien pauvre «esprit» devait se soumettre. L'éclair s'est vu ravalé au statut de sédiment. Et cette trame d'éclairs qu'est la raison au triste rôle de garde-chiourme du réel et de patronne des arpenteurs. Cette conception de l'idée et de la raison que la succession des générations a fini par imposer impliquait qu'idée et raison, plutôt que d'être saisies dans l'instant de leur advenue, dans l'instanta-néité de leur expression, comme «crêtes» d'un mouvement incessant et inépuisable, se trouvent réduites au moment de leur retombée, de leur aplatissement, de leur dégradation : c'est l'idée-épigone qui, de la sorte, l'a emporté sur l'idée créatrice, exposant tout un siècle, le nôtre, en même temps qu'à sa domination, à une plate et redondante critique du ratio-nalisme, sans parler de toutes ces entreprises de prétendu «dépassement de la métaphysique», qui se sont spécialisées dans le surplace de la pensée, la complaisance dans l'indétermination, c'est-à-dire l'impuissance de l'affirmation et de l'action.

C'est ainsi que, confondant ce que Spinoza appelle les «idées générales» ou «universelles», corps d'idées déjà advenues et retombées, idées-épigones, idées domestiques et serves, avec l'idée comme surgissement du comprendre, saisie de ce qui toujours échappe, l'on en a tiré prétexte pour tenter de liquider la raison, et, avec elle, toute possibilité d'affirmation et d'action. Le «oui» s'est de la sorte trouvé paralysé au profit d'une activité «critique» n'ayant d'autre fin qu'elle-même et qui en vient, au bout de son tournis, à ne plus considérer les idées que comme des ombres.

Pourtant, si l'on est attentif à *l'expérience de l'idée,* aussi bien chez Descartes que chez Spinoza, l'on peut constater que l'advenue de l'idée, chez l'un ou l'autre, est l'expérience d'une altérité radicale : si l'idée vient de Dieu, si elle est l'expression de la loi divine dans l'esprit, c'est dire qu'elle vient à celui-ci d'ailleurs, et de l'ailleurs le plus absolu. C'est pourquoi l'expérience de l'idée, chez Descartes et Spinoza, est une expérience quasi mystique : la conscience se trouve en effet désarçonnée, radicalement altérée par l'advenue de l'idée, plus rien dès lors ne lui apparaissant de la même façon, et d'abord elle-même. C'est d'ailleurs qu'elle apprend à se lire et à se saisir : le «cogito» n'est pas ainsi, comme on le trouve parfois simplistement compris, le triomphe et la consécration de la présence à soi de la conscience. Il suffit, pour s'en convaincre, de relire la quatrième partie du *Discours de la méthode* : l'on peut y vérifier que le «Je pense, donc je suis» veut dire : «Je ne suis rien hors de cette pensée qui m'advient et se saisit de moi, qui s'impose avec tant de clarté et de distinction qu'elle me dégage radicalement de tout ce à quoi, naïvement, jusque-là, j'adhérais. Car l'advenue de l'idée et du comprendre, et par excellence, de cette idée de l'idée que l'on nomme Dieu, n'est à l'image de rien de ce que jusque-là je me représentais. Plus rien dès lors ne se présente ni ne se représente de la façon habituelle : par conséquent, toutes les représentations de ma conscience s'en trouvent à jamais radicalement altérées.»

S'il manquait à Descartes et Spinoza de penser dans toute son angoissante profondeur l'expérience du temps, il ne faut pas oublier que l'expérience de la temporalité au sein de laquelle se meut toute la pensée de Nietzsche est traversée par une exigence d'éternité qui le situe aux antipodes de ces philosophies du devenir historique que sont les pensées de Hegel et de Marx. C'est réduire l'expérience de Descartes que d'en faire le philosophe des certitudes acquises et des idées toutes faites, alors que son expérience est d'abord celle d'une angoissante incertitude, d'une indétermination intérieure qui le portent à la recherche d'une certitude tellement absolue qu'elle échappe à toute vérification possible et trouve son ancrage, hors de toute garantie, dans une foi aveugle en une lumière qui, quoique «naturelle», n'en retire pas moins du commun des hommes celui auquel elle advient.

Si la «raison» dont nous approchons ici la compréhension semble se tenir loin de ce que nous entendons d'ordinaire par là, n'est-ce pas à cause de cet effet de grossissement de la perspective historique et critique qui réduit l'expérience de l'advenue et de la saisie instantanées à un devenir indifférencié et fait passer l'épigone pour le maître? Mais si l'on s'approche des philosophes qui ont tenté de penser ce que l'on appelle «idée» et «raison», à commencer par Platon et en passant par Descartes et Spinoza, l'on pourra être amené à se rendre compte que l'advenue de la raison correspond toujours à une expérience étrange, étrangère, déconcertante, mais *à la manière d'un saisissement* qui, toutefois, ne s'atteint qu'au bout d'un dessaisissement. Si, de l'expérience de ce saisissement, ces traces que sont les idées sont apparues, à la faveur d'un pourrissement de la pensée, comme des entités toutes faites et immuables, obligeant la pensée à ployer sous leur autorité et motivant de la sorte l'émergence de philosophies de la dépossession et du dessaisissement, ne parvenons-nous pas aujourd'hui à ce point où nous pouvons à nouveau *éprouver l'exigence de pensée comme aspiration à être saisi et à se ressaisir, risquant l'affirmation et l'action, conjuguant l'idée et l'acte,* dans leur injustice profonde, en ce que tout ce qui s'affirme exclut, tout ce qui se pose dispose de ce qui était, mais que c'est à cette seule condition qu'advient autre chose, que se produit une autre réalité?

Il est en effet paradoxal de constater que toute une pensée de l'autre, de l'étrangeté, de la dépossession, tel le serpent qui se mord la queue, se fait une vertu, voire une discipline, de se maintenir en retrait et en suspens, s'interdisant de la sorte, sous prétexte de ne pas cautionner une tradition honnie, toute affirmation ou toute action *d'où pourrait pourtant advenir une autre réalité.* Est-ce à dire que le discours de l'étrangeté se suffit à lui-même et qu'il trouve sa place ou se trouve à sa place à l'intérieur d'un ordre déjà établi, qui est celui de la réalité déjà advenue, qui de la sorte se maintient inaltérée, dans une quiétude d'autant plus grande qu'elle peut se rassurer en se disant qu'après tout elle n'est pas si établie, puisqu'elle peut permettre que se tiennent des discours sur l'étrangeté. Étrange étrangeté qui reste à sa place, ne change rien et s'entretient à l'infini avec elle-même! Après tout, pourquoi ce saisissement qui s'empare de l'homme d'action qui sait, à son avantage, retourner une situation, ou du créateur qui est porté au-delà de lui-même par une vision aveuglante de ce qui vient et qui s'y voue, pourquoi cette hyper-lucidité expressive et créatrice ne seraient-ils pas aussi étranges, déconcertants et renversants que l'expérience de l'angoisse, des interstices du langage et des marges du texte?

NOTES

CHAPITRE I

1. De Sade, D.A.F., *La Nouvelle Justine,* t. I, Paris, coll. 10/18, 1978, p. 257-258.
2. *Ibid.,* p. 265.
3. *Ibid.,* p. 277.
4. De Sade, D.A.F., *Lettres à sa femme,* t. I, Paris, Jean-Jacques Pauvert, 1966, p. 237.
5. *Ibid.,* t. I, p. 237-238.
6. *Ibid.,* t. II, p. 179.
7. *Ibid.,* t. II, p. 68.
8. De Sade, D.A.F., *Les 120 journées de Sodome,* t. I, Paris, coll. 10/18, 1975, p. 100.
9. *Ibid.,* t. I, p. 99.
10. *Ibid.*
11. De Sade, D.A.F., *La Philosophie dans le boudoir,* Paris, Éd. Gallimard, coll. Folio, 1976, p. 103-104.
12. De Sade, D.A.F., *Les 120 journées de Sodome,* t. I, p. 239.
13. Spinoza, *Éthique,* II, Scolie, Prop XIII, *Œuvres complètes,* Paris, Éd. Gallimard, Bibliothèque de la Pléiade, 1967, p. 368.
14. De Sade, D.A.F., *Les 120 journées de Sodome,* t. I, p. 241.
15. De Sade, D.A.F., *La Nouvelle Justine,* t. I, p. 353.
16. Abélard et Héloïse, *Correspondance,* Paris, coll. 10/18, 1983, p. 159.
17. *Ibid.,* p. 156-158.
18. *Ibid.,* p. 159.
19. De Sade, D.A.F., *La Nouvelle Justine,* t. II, p. 611.
20. *Ibid.,* p. 610.
21. *Ibid.,* p. 611.
22. De Sade, D.A.F., *Histoire de Juliette,* t. II, Paris, coll. 10/18, 1979, p. 47.
23. *Ibid.,* t. II, p. 473.
24. De Sade, D.A.F., *Les 120 journées de Sodome,* t. I, p. 242.
25. *Ibid.,* t. II, p. 102-103.

CHAPITRE II

1. Platon, *Alcibiade,* in *Dialogues socratiques,* trad. Léon Robin, Paris, Éd. Gallimard, coll. Folio Essais, 1978.
2. *Ibid.,* p. 81.
3. *Ibid.,* p. 87.
4. *Ibid.,* p. 87-88.
5. Bataille, Georges, *L'Érotisme,* Paris, Éd. de Minuit, 1982, p. 51.
6. *Ibid.*

7. Marx, Karl, «Introduction à la critique de l'économie politique», in *Contribution à la critique de l'économie politique*, Paris, Éd. Sociales, 1968, p. 155.

8. Saint Augustin, *Confessions*, Paris, Club du meilleur livre, 1961, p. 270.

9. Platon, *Phédon ou de l'immortalité de l'âme*, Paris, Éd. Albin Michel, 1952, p. 74.

10. *Ibid.*, p. 71-72.

11. *Ibid.*, p. 76.

12. Nietzsche, F., *Crépuscule des idoles*, Paris, Éd. Gallimard, coll. Folio Essais, 1988, p. 28.

13. *Ibid.*, p. 30.

14. Nietzsche, F., *Ainsi parlait Zarathoustra*, trad. Maurice de Gandillac, Paris, Éd. Gallimard, coll. Folio Essais, 1987, p. 21.

15. Nietzsche, F., *Le Gai Savoir*, trad. Pierre Klossowski, Paris, coll. 10/18, 1977, p. 209.

16. Plotin, *Ennéades* IV, livre VIII, cité in Platon, *Phédon ou de l'immortalité de l'âme*, p. 68.

17. Nietzsche, F., *Ainsi parlait Zarathoustra*, p. 29.

18. Nietzsche, F., *Crépuscule des idoles*, p. 39.

19. Nietzsche, F., *Le Livre du philosophe*, Paris, Aubier-Flammarion, 1969, p. 72-73.

20. *Ibid.*, p. 71.

21. Nietzsche, F., *Fragments posthumes 1887-88*, in *Œuvres philosophiques complètes*, t. XIII, Paris, Éd. Gallimard, 1976, p. 177.

22. Nietzsche, F., *Crépuscule des idoles*, p. 38.

23. Nietzsche, F., *Fragments posthumes 1887-88*, p. 172.

24. Heidegger, Martin, *Concepts fondamentaux*, Paris, Éd. Gallimard, 1985, p. 34.

25. Spinoza, *Éthique*, I, Déf. 1, trad. Bernard Pautrat, Paris, Éd. du Seuil, p. 15.

26. Spinoza, *Traité de la réforme de l'entendement*, in *Œuvres*, t. 1, trad. Charles Appuhn, Paris, Garnier-Flammarion, 1964, p. 192.

27. Spinoza, *Éthique*, I, Déf. VI, p. 15.

28. Nietzsche, *Ainsi parlait Zarathoustra*, p. 45-46.

29. Heidegger, Martin, *Qu'appelle-t-on penser?*, Paris, P.U.F., 1983, p. 259.

30. Spinoza, *Éthique*, II, Déf. III, p. 93-95.

31. Heidegger, Martin, *Le Mot de Nietzsche «Dieu est mort»*, in *Chemins qui ne mènent nulle part*, Paris, Éd. Gallimard, 1988, p. 219.

32. Pascal, *Pensées*, Paris, Classiques Garnier, 1962, p. 90-91.

33. Nietzsche, F., *Ainsi parlait Zarathoustra*, p. 45.

34. *Ibid.*, p. 6.

35. *Ibid.*

36. *Ibid.*, p. 48.

37. Heidegger, Martin, *Concepts fondamentaux*, p. 26.

38. Nietzsche, F., *Le Livre du philosophe*, p. 85.

39. Nietzsche, F., *Ainsi parlait Zarathoustra*, p. 71.

40. *Ibid.*, p. 99.

41. Saint Jean de la Croix, *La Nuit obscure*, Paris, Éd. du Seuil, coll. Points Sagesses, 1984, p. 127.

42. Nietzsche, F., *Ainsi parlait Zarathoustra*, p. 100-101.

43. *Ibid.*, p. 101.

44. *Ibid.*

CHAPITRE III

1. Descartes, René, *Discours de la méthode,* Paris, Le Livre de poche, 1988, p. 180.
2. *Ibid.,* p. 172.
3. Descartes, René, *Règles pour la direction de l'esprit,* in *Œuvres philosophiques,* t. I, Classiques Garnier, p. 79.
4. *Ibid.,* p. 88.
5. Descartes, René, *Le Monde ou Traité de la lumière,* in *Œuvres philosophiques,* t. I, p. 315.
6. Descartes, René, *Règles pour la direction de l'esprit,* p. 79.
7. Descartes, René, *Discours de la méthode,* p. 130.
8. *Ibid.,* p. 129.
9. *Ibid.*
10. *Ibid.,* p. 130.
11. *Ibid.*
12. Descartes, René, *Lettres,* in *Œuvres complètes,* Paris, Éd. Gallimard, Bibliothèque de la Pléiade, p. 1167.
13. Descartes, René, *Principes de la philosophie,* I, 41, Paris, Librairie philosophique J. Vrin, 1989, p. 81.
14. *Ibid.,* p. 81-82.
15. Spinoza, *Court Traité,* in *Œuvres complètes,* t. I, p. 68.
16. *Ibid.,* p. 69.
17. Descartes, René, *Principes de la philosophie I,* 39, p. 80.
18. *Ibid.*
19. Descartes, René, *Lettres,* in *Œuvres complètes,* p. 1177.

CHAPITRE IV

1. Spinoza, *Éthique,* I, Scolie I, Prop. VIII, trad. B. Pautrat, p. 23.
2. *Ibid.,* I, Scolie II, Prop. VIII, p. 23.

ÉPILOGUE

1. Nietzsche, F., *Ainsi parlait Zarathoustra,* p. 111.
2. *Ibid.,* p. 112.
3. Klossowski, Pierre, *in* Nietzsche, *Le Gai Savoir,* Paris, coll. 10/18, 1977, p. 13.
4. Nietzsche, F., *Ainsi parlait Zarathoustra,* p. 142.
5. *Ibid.,* p. 145.
6. Nietzsche, F., *Deuxième considération intempestive,* Paris, coll. Garnier-Flammarion, 1988, p. 136.
7. Nietzsche, F., *Ainsi parlait Zarathoustra,* p. 134.

COLLECTION «ESSAIS»

déjà paru

Pierre Bertrand, *La Ligne de création*

TABLE

*Cet ouvrage a été achevé d'imprimer
aux Ateliers graphiques Marc Veilleux
à Cap-Saint-Ignace en octobre 1993
pour le compte des
Éditions Les Herbes rouges*

Imprimé au Québec (Canada)